सिद्धार्थ और गिलहरी

चयन

के. सच्चिदानन्दन

अनुवाद
अनामिका अनु

राजकमल पेपरबैक्स

राजकमल पेपरबैक्स में
पहला संस्करण : 2023

राजकमल पेपरबैक्स : उत्कृष्ट साहित्य के जनसुलभ संस्करण

राजकमल प्रकाशन प्रा. लि.
1-बी, नेताजी सुभाष मार्ग, दरियागंज
नई दिल्ली-110 002
द्वारा प्रकाशित

शाखाएँ : अशोक राजपथ, साइंस कॉलेज के सामने, पटना-800 006
पहली मंजिल, दरबारी बिल्डिंग, महात्मा गांधी मार्ग, प्रयागराज-211 001
वेबसाइट : www.rajkamalprakashan.com
ई-मेल : info@rajkamalprakashan.com

विकास कंप्यूटर एंड प्रिंटर्स
ट्रॉनिका सिटी-201 102
द्वारा मुद्रित

मूल्य : ₹199

SIDDHARTH AUR GILAHARI : CHAYAN
Poetry by K. Satchidanandan
Translated by Anamika Anu

ISBN : 978-81-19159-21-5

प्रिय कवि के. सच्चिदानन्दन,
प्रिय पंकज, पियाली और
लीया को

—अनामिका अनु

क्रम

एक घर जिसे दुःख कहते हैं

दुःख एक घर है
जिसकी पीले रंग से पुती दीवारें
और फंगस से हरी छत है

इसमें कई कमरे हैं
उदासी और दर्द से लेकर व्यथा और अवसाद तक
जैसे ही कोई एक कमरे से दूसरे की ओर बढ़ता है
अँधेरा बढ़ता जाता है और ठंड भी

यहाँ दरवाज़े हैं
एक कमरे से दूसरे कमरे को जाते
जैसे पतझड़ से शिशिर को जाते
लेकिन यहाँ कोई खिड़की नहीं है
केवल छोटे वातायन, उच्छ्वास के गुज़रने की ख़ातिर

अन्तिम कमरा गहरे कुएँ में खुलता है
जिन्होंने इस दरवाज़े से बाहर क़दम रखे
उनकी चीख़ें तक भी कभी बाहर नहीं आईं

कुछ इस घर में किरायेदार हैं
लेकिन कुछ हमेशा से यहीं हैं
जब तक एक त्रासदी उन्हें अनन्त अन्धकार में नहीं छोड़ती

जो वहाँ रह रहे हैं
उन्हें यह भी मालूम नहीं है कि बाहर आनन्द का बग़ीचा है
बग़ीचे से आने वाले ज़ोरदार ठहाके और चुम्बन की सिसकारियाँ
उन पीले दरवाज़ों से टकराती हैं
चकनाचूर होती हैं
और गिरती हैं गीली मिट्टी में
मीठी सुगन्ध अपने स्रोतों में वापस
अपने धब्बेदार पंखों को फड़फड़ाते
भीतर के अन्धकार से आतंकित

घर के सामने की सड़क पर हड़बड़ाए लोगों ने
इस घर की एक झलक ज़रूर देखी होगी
लेकिन वे लोग जो जीवन के लिए संघर्ष कर रहे हैं
उन्हें यहाँ ठहरने की फ़ुर्सत नहीं है

परियाँ जो उस घर की रखवाली करती हैं
वे कभी-कभी मुझे भी वहाँ ठहरने के लिए आमंत्रित करती हैं
मगर घुटन-भरी चीख़ जो बगल के कमरे से आ रही थी
मैंने सुनी
और उनकी यहाँ छितराई चूसी गई हड्डियों ने
अल्पकालीन प्रवास के दौरान

मुझे विरक्त कर दिया

तब मुझे मेरी भाषा तक ने छोड़ दिया था
मौन मुझे घुन के ढेर-सा ढँक चुका था
और जब मैं इससे बाहर निकला
तब मेरे हाथों में तीन झंडे थे
एक हरा
एक नीला
एक लाल

वे जो फ़ुटपाथ पर रहते हैं

यक्ष ताड़ के पेड़ पर रहते हैं
मनुष्य घरों में रहते हैं
जो फ़ुटपाथ पर रहते हैं, वे मनुष्य नहीं हैं

वे संविधान से बाहर
उनका कोई नाम, नम्बर, धर्म, जाति, स्तर नहीं है
न ही क़ानून, कोर्ट
न ही संसद
केवल, कभी-कभी किसी रात
वे स्त्री, पुरुष बन जाते हैं

फ़ुटपाथ उन्हें कसकर गले लगाता है
पशु उनसे नहीं झगड़ते
पक्षी उनके कंधों पर उतरते हैं

पेड़ उनको देखकर अपनी टहनियाँ नहीं समेटते

वे न आते हैं, न ही वे जाते हैं
वे न जन्म लेते हैं, न ही वे मरते हैं
उनकी बीमारी को भूख कहते हैं
और उनके प्रेम को प्यास

वे एक समानांतर गणतंत्र हैं
घर में रहने वाले लोगों का देश विकास करता है
फ़ुटपाथ पर रहने वालों का देश फैलता है
वे बिना सलाह वाली कविता होते हैं
कुष्ठ के घाव से ढँके, उनकी आँखें सूजी होती हैं
वे जलते टायरों-सा महकते हैं

वे जो घरों में रहते हैं
डरते हैं उनसे जो फ़ुटपाथ पर रहते हैं
उनके दुःस्वप्न में, इन लोगों की लाल दाढ़ी होती है,
चाँदी के नाख़ून और विष के दाँत होते हैं
उनकी बिल्लियाँ बाघ हैं टोपी में
और कुत्ते, ताज़पोश चीते
लेकिन ये लोग अहिंसा में विश्वास करते हैं

तोते पेड़ पर रहते हैं
कौवे घोंसले में
आग पत्थर में
पानी समुद्र में
चन्द्रप्रभा बादलों में
तारे आकाश में
और शब्द आग में
जो फ़ुटपाथ पर रहते हैं कोई नहीं होते

चिड़ियों का देश

चिड़ियों के देश में
न सीमाएँ होती हैं
न संविधान
वे जो उड़ सकते हैं, इसके नागरिक होते हैं
कवि भी
पंख इनका झंडा है

आपने कभी सुना है
गीत के लिए कोयल को बुलबुल से झगड़ते
या
रंग के लिए बगुले का कौवे को भगाना
यदि उल्लू शोर करता है
तो इसलिए नहीं
कि वह तोते से ईर्ष्या करता है

क्या कभी किसी ऑस्ट्रीच या पेंग्विन ने न उड़ पाने की शिकायत की है

जन्म लेते ही
वे आकाश से बातें करने लगते हैं
बादल और इन्द्रधनुष उन्हें सहलाने के लिए उतरते हैं
कभी-कभी वे अपनी शोखियाँ चिड़ियों को दान में देते हैं
जैसे बादल हंसों को देता है
या इन्द्रधनुष मोर को

वे सूरज और चाँद के बीच में बैठकर स्वप्न देखते हैं
इसके बाद
आकाश देवपरियों और सितारों से भर जाता है

ये अँधेरे में भी देख सकते हैं
ये जादुई बौनों और परियों से बात कर सकते हैं
ये उतरकर पृथ्वी पर आते हैं
ताकि घास सुकून महसूस करे
या अपने गीत से फूलों को खोल सकें
वे जो फल और कीड़े खाते हैं
वे उनके अंडों से नन्हें पंखों के साथ प्रस्फुटित होते हैं

एक दिन मैंने चिड़ियों की तरह रहने की कोशिश की
मैंने अपनी राष्ट्रीयता खो दी

देश एक पिंजरा है
यह तुम्हें खिलाएगा
पहले तुम्हारे गीत के लिए
तुम्हारे गीत नापसन्द होने पर
तुम्हारे मांस के लिए

सत्तर और पचहत्तर के बीच

सत्तर और पचहत्तर के बीच में एक अँधेरी जगह है
स्मृतियों-सी चौड़ी
मृत्यु-सी गहरी
जो फँसा वह कभी लौटकर नहीं आया

वे भटकते हैं बचपन की झाड़ियों में
या सिर के बल जीर्णता के कुएँ में गिरते हुए

सावधान रहो
अगर वे सत्तर और पचहत्तर के बीच में हैं
युवा की तरह व्यवहार करो, उनके लिए जो युवा हैं
वे प्रेम कर सकते हैं
संगीत पर नृत्य कर सकते हैं
और अगर ज़रूरत पड़े तो

युद्ध और क्रान्ति ला सकते हैं
वास्तव में वे मृत नहीं होते
ज़्यादातर युवाओं की तरह

जो सत्तर और पचहत्तर के बीच में होते हैं
हो सकता है मतिभ्रम से ग्रसित हों, कई बार वह चाहते हैं
एक घोड़े की सवारी, कई बार उड़ना चाहते हैं समुद्र और पहाड़ के ऊपर
किसी चील की पीठ पर बैठकर, रेगिस्तान में भटकना चाहते हैं
पानी की प्रतीक्षा में जो वहाँ है ही नहीं, नंगे खड़े होकर
बारिश में या
वह कविता पढ़ते हुए जो अभी तक किसी ने नहीं लिखी
कई बार उन्हें ऐसा महसूस होता है कि
इतिहास अपने पैर पीछे की तरफ़ ले जा रहा है
और इन्हें एकदम ज़ोर से रोने और चीख़ने का मन करता है

सत्तर और पचहत्तर के बीच का अकेलापन
गहरे काले रंग में लिपटे भोर का स्वप्न
जैसे पुराने अल्बम में मित्रता
जब वे हँसे, सूर्य की रौशनी की गाँव के गलियारों में वापसी
उनकी मीठी गंध तीसी के फूल-सी मुलायम
उनकी चाल सावेरी की तान की तरह गिरती हुई
और उनके ज़िन्दादिल भाषण गमक की तरह जन्म लेते हुए

तुम सोचते होगे, क्यों, यह सब पुरुषों के लिए ही है
हाँ,

औरतें सत्तर और पचहत्तर के बीच से होकर नहीं गुज़रतीं
हमारे लिए अदृश्य
वे बस फिसलती हैं प्रेम के इन्द्रधनुष पर
परियों के जैसे मुलायम पाँव

स्वर्ग जैसी ख़ुशबू
और कनेर की मुस्कुराहट के साथ
मोक्ष को आमंत्रण

एक सैनिक का पत्र

प्यारी माँ,
आग्रह है कि लौटती डाक से निम्नलिखित चीज़ें मुझे भिजवा देना :

1

हमारे आँगन की गौरैया के गीत
जो कानों को दें मधुरता
जब मैं टैंक पर बैठकर मरुस्थल से गुज़रूँ

2

आकाश में एक तोता और एक इन्द्रधनुष
झाड़ियों में छिपने के समय

3

कुछ गुरुवाणी मुझे गर्मी देने के लिए
जब मैं ठंड में काँप रहा हूँ

4

एक माचिस की तीली
जनरल की दी गालियों के ढेर में आग लगाने के लिए

5

मेरी अनन्त भूख को शान्त करने के लिए
माँ की रसोई से एक पालक का पत्ता

6

पानीपत पर मँडराता एक मेघ भेजना
ताकि उसको निचोड़कर बारिश के रस से मैं अपनी प्यास बुझा सकूँ

7

मेरे पालतू कुत्ते जगतार की भौंक भेजना ताकि मैं
पूरब से पश्चिम आवाज़ लगा सकूँ

8

मुझे समीरा की ओर दौड़ने से रोकने के लिए एक ज़ंजीर,
जो मेरे पैरों को एक साथ बाँधे रखे

9

एक चुम्बन मेरी अजन्मी बेटी का
जब मैं सीमा पार खड़े लाचार साथी की गोली खाकर गिरूँ

10

मेरी छोटी बहन जुगनू के आँसुओं से बुनी एक रजाई,
मेरे भाई और मेरे कफ़न के लिए
जब अन्तिम साँस हमारे मांस को छोड़ रही हो

पुनश्च :

सेना में जो मेरे भाई हैं उनको यह कहना मत भूलना
कि मेरे ताबूत को झंडे से न ढँकें और न ही दफ़नाते वक़्त बन्दूक़ों की सलामी दें
कभी भी घर के बच्चों को वर्दी नहीं पहनने देना

तुम्हारा,
सुरजीत

(प्रथम विश्वयुद्ध के दौरान पंजाब के सैनिकों द्वारा भेजे गए पत्रों को देखकर के. सच्चिदानन्दन जी ने ये कविता लिखी है। वे पत्र बानी आबिदी के इंस्टालेशन का हिस्सा थे जिसकी प्रदर्शनी 'द मेमोरियल फ़ॉर लोस्ट वर्ड्स' खोज, दिल्ली में हुई थी।)

मृत व्यक्ति का फ़ेसबुक पेज

एक मृत व्यक्ति के फ़ेसबुक पेज पर जाना
क़ब्रिस्तान में टहलने जैसा है
चाँद से रौशन मध्य रात्रि की सर्द हवा में
घास के मैदान में चरती हुई यादें उछलती हैं
जैसे कान उठाए नन्हें खरगोश
ख़्वाब दरारों से झाँकते हैं
पत्थरों के बीच से
जैसे सदाबहार के फूल

दोस्तों की ओर से मिली जन्मदिन की बधाइयों का ढेर
जैसे क़ब्र पर लदे गुलदस्ते
कविताओं के टुकड़े ढँके हुए हैं
गिरे हुए पत्तों और धूल से
जैसे समाधि के पत्थरों पर खुदे हुए स्मृतिलेख

हम इन्तज़ार करते हैं
मृतक के अपडेट के साथ वापस आने का
वह स्वर्ग या नरक के नक़्शे पर अपना लोकेशन चिह्नित करे
और निश्चित रूप से हमें ब्यौरा दे तस्वीरों के साथ
पृथ्वी पर उसके जीवन के बाद की यात्रा का

अचानक हमें किसी के कोमल क़दमों की आहट सुनाई देती है
हाथ की परछाईं खुली हुई स्क्रीन पर पड़ती है
और हम एक धीमी आवाज़ सुनकर पीछे मुड़ते हैं
यह एक हँसी या दबा हुआ रुदन भी हो सकता है

मेज़ पर एक काग़ज़ का टुकड़ा पड़ा है
जिस पर स्याही से लिखा है
सूखे ख़ून का रंग :
मैं हार गया

स्क्रीन गीली लगती है
इसका स्वाद खारा होगा, हमें पता है
लेकिन हम आभासी दुनिया को छोड़ देते हैं और
सजीवों के दिन में लौट आते हैं
हमारा बाह्य और अन्त: एक समान जलता है
भीषण गर्मी की तपिश में

जादूगरनी

मेरी माँ एक जादूगरनी थी
मेरी बेटी ने उसे रात में
बिल्लियों के साथ नृत्य करते देखा था
घर की छिपकलियाँ उसकी पुकार का जवाब देती थीं
वह अपनी तर्जनी उँगली पर घर की मकड़ियों की चाल को नियंत्रित करती थी

उसकी एक घुड़की से
तिलचट्टे चारों खाने चित्त हो जाते थे
उनके पतले पाँव हवा टटोलने लगते थे

उसकी पदचाप सुनकर चूहे उन भूतनियों के पास जिन्होंने उन्हें भेजा था
उनकी गोद में वापस लौट जाते थे
उसने उल्लू की आवाज़ और लोमड़ियों की आवाज़ को लौटाया था

बाँझ गायें भी दूध देने लगती थीं
जैसे ही वह उनकी पीठ थपथपाती थी
नारियल के पेड़ झुककर उसके पतले हाथ में कोमल फल गिराते थे
उसके स्पर्श से आम के वृक्ष खिल उठते थे

यहाँ तक कि घर के प्लेट और कलछुल भी उसके आदेश पर सावधान खड़े हो जाते थे

भूत उसे देखकर पड़ोसियों की तरह मुस्कुराते थे
उसे चींटियों और तिनकों के शब्दकोश कंठस्थ थे

भिन्न समानार्थकों के प्रयोग से उसने बारिश की लय और हवा की ताल बदली थी
वह बादलों को चराती थी और बिजली उसकी चाबुक थी

माँ के माथे के चारों तरफ़
तितलियाँ प्रभामंडल बनाती थीं

वह हर कौवे को पहचानती थी
वह पूर्वजन्म में क्या था उसी को आधार बनाकर

उसने गिलहरियों के नाम का पता लगाया
उनकी लकीरों को पढ़कर
उन्हें बुलाया और मलयालम पढ़ाया

अपनी पान की थूक के मानचित्र को पढ़ती थी
मन्दिर के पहाड़ पर पिता की मौत की उसने भविष्यवाणी की थी
जब उनके कपड़े वापस आए वह उनसे लिपट गई
मानो उनके भीतर अब भी पिता हो

वह मेहमानों के लिए खाना
कौवों की उनके आने की घोषणा के पूर्व ही बना लेती
थी

उसने नारियल के छोटे पौधे लगाए
सब्ज़ियों के बीजों को बोया
अपने हर अजन्मे नाती, पोते, नतिनी, पोतियों के लिए

एकमात्र चीज़ जिसकी भविष्यवाणी वह नहीं कर सकी वह थी
उसकी अपनी दुनिया का अन्त

उस अँधेरे में बैठकर
मैं उस दुनिया को याद करता हूँ
खेत में खलिहान और धान के नपने
ओसाने वाली सूप और बाँस की पटिया

हरवाहों और निराई करती औरतों के गीत
धान के बीजों के कठिन नाम
और मेरी काली रक्त स्रावित काली जड़ें

तेरह साल की लड़की

तेरह साल की लड़की
तेरह साल का लड़का नहीं होती है
जब तक वह अपनी तितलियों को भूल नहीं गई
वह दु:स्वप्नों में डूबकर मरी
वह अन्धकार की गुफाओं से होकर गुज़री
लोरियों को पीछे छोड़कर

तेरह साल की लड़की तैंतालीस की होती है
वह अच्छे-बुरे स्पर्श का फ़र्क़ जानती है
वह जानती है ज़िन्दा रहने के लिए झूठ बोलना ग़लत नहीं है
उसे पता है एक युद्ध कैसे लड़ा जाता है
दाँत के साथ या गीत के साथ
तुम्हें केवल उसकी देह पर गुलाब दिखते हैं
लेकिन वह काँटों से भरी है

तेरह साल की लड़की उड़ सकती है
वह सूरज और किताब को केवल पुरुषों के लिए नहीं छोड़ना चाहती
उसका झूला चन्दा की परिक्रमा करता है
और यह दुःख से पागलपन की ओर सरकता है

वह राजकुमार के स्वप्न नहीं देखती
जैसा कि तुम सोचते हो
तेरह साल की लड़की के पाँव पाताल में होते हैं
तब भी जब वह इन्द्रधनुष को छूती है

एक दिन
उसके हाथ में तलवार होगी
सफ़ेद घोड़े पर सवार होकर आएगी
बादलों से आती टाप की गूँज सुनोगे
तुम जान जाओगे
पुराण की भविष्यवाणी का दसवाँ अवतार
एक स्त्री है

मूर्तिकला

एक मूर्तिकार की छेनी
एक छवि उकेरती है हवा में
जो जंगली फूलों की महक लिये है

एक नाविक का चप्पू, रात की तरह काला
तराशता है एक मूर्ति
नदी की लहरों से

एक एयरमैन के प्रशिक्षित हाथ
तराशते हैं एक मूर्ति
बादलों से ढँके आकाश में
और मैं तराशता रहता हूँ
एक कभी नहीं ख़त्म होने वाली प्रतिमा
अपनी क़लम की तेज़ धार से

यह काग़ज़ की चिकनाहट
पर से फिसलती जाती है

मेरी उँगलियाँ काँपती हैं
मानो मैं उस समय में बना रहा हूँ मूर्ति
जो कभी नहीं ठ़हरता

नमक

नब्बे साल पहले
समुद्र की निर्विराम लहरों के पसीने से
हमने निकाला
एक मुट्ठी नमक
खिला कोमल सफ़ेद
दुबले-पतले उठे हाथ में

एक हाथ अचानक तब्दील हो गया
छह हज़ार कड़ियों में
लाखों मुट्ठियाँ उठ गईं
उस एक साम्राज्य के ख़िलाफ़
'जहाँ सूरज कभी अस्त नहीं होता'
उस दिन से हमारे देश में सच्चाई
'प्रतिबंधित नमक' कही जाने लगी

राम, अल्लाह, ख़ुदा, मसीहा :
वह नमक हमारे लिए सबकुछ था
ख़ुदाई जो समुद्र के पेड़ों से अवतरित होकर
रसोई तक आती थी
सफ़ेद पंखों वाली देव परी
हमारे सपनों का शाश्वत तारणहार
एक मुट्‌ठी आज़ादी
एक मुट्‌ठी समानता
एक मुट्‌ठी प्रेम
एक मुट्‌ठी करुणा
नमक के एक बुद्ध

आज एक बार फिर हम उठाते हैं
सफ़ेद नमक का एक झंडा
समुद्र की गहरी फ़ीरोज़ी नीली पृष्ठभूमि में
क्षणभंगुर दृष्टि
काले बालों वाली आज़ादी
हमारे नन्हे हाथों से फिसल रही है,
विपुल समानता का बर्फ़ीला विस्तार
जिसे सुनने के लिए अभी भी हमारे कान उत्सुक हैं

रूखे हाथ जिनमें पसीने की महक है
वह गंध जो
हमारे मांस और आँसू में है

एक मुट्‌ठी गहरे किनारों वाला, न्याय का नमक
जो विद्रोह की रेत में बिखरा पड़ा था
जिसे गांधी ने डाँडी में
नब्बे वर्ष पूर्व उठाया था

एक छोटा वसंत

एक छोटा-सा वसंत
जो एक डिबिया में आ जाए
या आँखों की पुतली में

उसके रंग और गंध इतने तीव्र
कि रह न सके लम्बे समय तक
कुछ किशोरावस्था के प्रेम-सा
एक छोटा-सा वसंत
जैसे कि पलास
अपने चरम पर
शरद के आगमन से बेख़बर

यह इतनी जल्दी ग़ायब क्यों हो गया
मैंने हवा से पूछा

एक फुहार इसका उत्तर थी
उसके पास कुछ तैरती पंखुड़ियाँ थीं
जीवन के अकाउंट की किताब में प्रभु ने उसे
बुकमार्क की तरह रखा था
मैं इस लिपि को पढ़ नहीं पाता
वे सूख जाते हैं, सिकुड़े हुए

मैंने किसी को भी चूमना बन्द कर दिया
सिवाय कसे काले गाउन में लिपटे
उसके एकाकीपन को

मैंने खिड़कियों को फैलाकर खोल दिया
यह मानकर कि वह लौट आएगा
बह चुके वाइन की कप में वापसी
जोश में चीख़ रहा है
आओ और मुझे ऊपर उठाओ

एक छोटा वसंत, एक टीस
मेरे होंठ कामनाओं से थरथरा उठे हैं
चीयर्स

लाचार

मैं तुम पर पानी डाल रहा हूँ
तुम्हारा ख़याल रख रहा हूँ
ताकि तुम्हारे बालों का एक पत्ता भी न गले
तुम्हारी देह की एक भी कली न टूटे

कल्पना करो शहर के ग़ुसलख़ाने की
अगर वह गाँव के कुएँ की कजली, कवक, फर्न लगी जगत होता

अब
मैं चंदन की लकड़ी और लोक जड़ी-बूटियों का स्मृति में आह्वान करता हूँ
शरीर को झुकाता हूँ मानो प्रार्थना कर रहा हूँ

तुम्हारी प्रतिमा को साफ़ करता हूँ
पहले तुम्हारे पाँवों को, कोमलता से

मानो कि वे बादल हों
जो एक स्पर्श से बरस उठेंगे

जैसे सूरज की किरणें आकाश पर तिरछी गिरती हैं
साबुन के झाग की कोमल रौशनी तुम्हारी आत्मा को पारदर्शी बना देती है

मेरी उँगलियाँ तुम्हारे पैर की उँगलियों के बीच में फिसलती हैं
कोमलता से लाल अंगूरों को तोड़ती हैं
जिन्हें मैंने वहाँ पकते देखा था

जब मैं तुम्हारे नाख़ूनों को रँग रहा होता हूँ
मैं एक सतर्क शिल्पकार होता हूँ जो हाथी के दाँत पर काम कर रहा है
बाद में मैं तुम्हारी पिंडलियों को तब तक दबाता हूँ
जब तक वे ख़रगोश की तरह नहीं उछलतीं

गीली ज़मीन पर मोहक कोमल घास उग आई है
मेरी पूजा के अगले चरण में
सब प्रेम से काँप उठेंगे या हो सकता है,
श्रद्धा से मैं खड़ा हो जाऊँ
झुक जाऊँ
और तुम्हारी जाँघों को
झाग से भरे हाथों से तराश रहा हूँ
मेरे हाथ फिसलते हैं
जैसे कोई स्वप्न में बिस्तर से गिरता है
हिलते हैं
काँपते हुए हाथ
तुम्हारे नितम्ब, तुम्हारी नाभि तक जाते हैं
वर्ण जैसे तुम्हारे पेट की वक्रता तक
ऊपर उठते हैं मानो किसी चीज़ की याद दिला रहे हों
तुम्हारी छाती के पुष्पगुच्छ हवा में झूम रहे हैं

अपने हीरे जड़ित ताज के साथ

मैं तुम्हारे गले की गलियों को धोता और साफ़ करता हूँ
सिर से शरीर की ओर बहते प्रीत के फ़व्वारों से
अब तुम्हारा झंडा, तुम्हारा चेहरा
दमक उठेगा

उसे किसी प्रकार की पॉलिश की ज़रूरत नहीं होगी
फिर भी मैं उसको बुलबुले में बन्द नन्हे इन्द्रधनुषों से ढँक दूँगा
गालों को चिकना करूँगा
जैसे कथकली नर्तक हरताल से करता है

अब तुम चलो अपने बाल खोलो
जैसे दिन रात को खोलता है
मैं रात के हर गमकते तार को धोना चाहता हूँ
एक-एक कर तब तक, जब तक वे अपनी गंध
तक वापस नहीं पहुँचते
जो तेल में आनन्द मना रही है
मन्द हवा जिसमें ब्लूबेरी, चन्दन और खस की ख़ुशबू है

अब मैं तुम्हें फिर से मत्स्यगंधा में तब्दील कर दूँगा
एक आकार बदलती द्रव वर्जिन

अब तुम्हारी बारी है
तुम्हें कई भाषाओं के शब्दकोश प्रयोग में लाने होंगे
मुझे अपोलो में परिवर्तित करने हेतु

मुझे पत्थर और शीशे से रगड़ो और धोओ
मगर अपनी एक नज़र से तुमने मुझे
माइकल एंजेलो के डेविड में परिवर्तित कर दिया

तुम्हारा कोमल स्पर्श मुझे चौड़ी छाती वाला गौतम
बना देता है
तुम्हारे दीवानख़ाने का
बुद्ध बनने से पहले वाला राजकुमार

मैं अपने अभावग्रस्त बचपन को भूलकर
एक सुन्दर राक्षस बना
एक गंधर्व
तुम्हारे गीले हाथों में
मैं ख़ुद के भीतर के राक्षस को छिपाता हूँ

मेरा शरीर गाता है जब तुम मुझे वीणा की तरह बजाती हो
हर कोशिका गाती है
मैं घटता और पिघलता हूँ

अब न मैं हूँ, न तुम
जल, अनन्त जल, और एक नीला कमल
जो दो देहों को जोड़कर बना

खंडहरों से निकले गीत

मैं अपने थके हुए क़दमों के साथ इन खंडहरों पर खड़ा हूँ
हड़प्पा या हम्पी में होने जैसा
पहले यह एक देश था
एक महाद्वीप जो नमक और पसीने से बना
एक फूल जो ख़ून से खिलाया गया
एक शंख जो समुद्र से निकला
कई रंगों का नक़्शा जो आँसुओं से बना
हिमालय से अरब सागर तक फैला हुआ

अब मैं लोक उत्सव को काली शवयात्रा में
और विजयगीत को विलाप में
तब्दील होते हुए देखता हूँ
प्रत्येक हत्या के लिए एक कहानी
प्रत्येक स्मृति के लिए एक लड़ाई

हर हृदय में एक और विभाजन

एक समय था
जब हम अपने विजेताओं से भी एक अतिथि के जैसा व्यवहार करते थे
उन्होंने हमारी ज़मीन को इन्द्रधनुष में तब्दील कर दिया
हमारे ख़ज़ाने में छोड़ गए
जीवन-शैलियाँ, भाषाएँ, कलाएँ, संस्कृतियाँ

लेकिन जिन्होंने उपनिवेशवादी की भूमिका निभाने का विकल्प चुना
उनसे हम एक व्यक्ति के रूप में लड़े
उनके विश्वासघात के बावजूद हमने जीती आज़ादी

हमने एक ऐसा देश बनाया जहाँ कोई भी धर्म पराया नहीं था
कोई भी भाषा विदेशी नहीं थी
यहाँ तक की बेदख़ली के अन्धकार में भी
आशा के सुवासित चाँद की जगमगाहट थी
जिस पल तुमने घृणा और लालच का बैनर उठाया
जनता का झंडा रद्दी का कपड़ा बन गया
और उनका राष्ट्रगान एक शोकगीत

तुम एक दूसरे इतिहास के साथ आए
अलग भूगोल और अंकगणित के साथ
तुमने हमसे जंगल और हमारी ज़मीन
लूट ली

अपने मालिकों के लिए, दबे-कुचलों को डराया
अपने हथियारों को हिलाकर, तुम उन्हें डराते हो
जो सच बोलते हैं
तुमने ज़हर की बोतलें उनको बढ़ाईं जो आत्महत्या
की कगार पर थे

नरकपिशाचों को पृथ्वी पर छोड़ा

हम एक राष्ट्र हुआ करते थे
लेकिन अब हम धूल हैं
यहाँ तक कि इन धूल कणों में भी है
क़ैद पत्थरों का रुदन
जीवित बचे लोगों के गीत
शव जो समाधि शिला के घास पर हैं उनसे स्मृतियाँ स्रावित होती हैं

वॉयलिन पर खिले शब्द बादलों पर चढ़ते हैं
कचरे के ढेर पर से बदरंग देवपरियाँ आकाश की ओर उड़ती हैं
निडर कामनाओं के सफ़ेद घोड़े
कपोत, कपोत

हम फिर लौटेंगे
ख़ाली खलिहान से जो सूर्य के स्वप्न देखता है
सर्दी के मौसम में भी
वीथिका में से आ रही पेशाब और पराग की गंध से
उस ख़ुशी से जो छाती को नारंगी और कविताओं को पुष्ट करती है

स्मृतियों के मटमैले तालाब से
उन दिनों से जो मछुआरों की झोपड़ी में भीगे कुत्तों की तरह घुसते हैं
उड़ती झाड़ुओं से
खनिकों के तेल और कोयले से रँगे कपड़ों से
बटेरों की चोंच से खींची गई देवी-देवता की तस्वीरों से

भाषा के ताबूत में फँसी साहसिक यादों से
अछूतों के ज़ख़्म को ढोते अपरिष्कृत शब्दों से
रात्रि के रौंदे सुनहरे पत्तों वाले पौधे से
जड़ों से, जड़ों से

सहिष्णुता और बहनापे से जो बिना किसी घृणा के हँसेगा
एक देश बिना दीवारों और दायरों वाला
बिना अमीर और ग़रीब के,
जिसका सिर ऊँचा है
जिसकी बाँहें सबों के लिए खुली हैं

यहाँ
सूख चुकी नदियों और नष्ट हो चुके जंगलों की इस ज़मीन पर
जहाँ साँझ के तारे गिरेंगे सूरजमुखी की तरह
हम रखेंगे नई नींव, सात पत्थरों से

परछाइयाँ

जो चले गए

आहिस्ता आहिस्ता सब चले गए
जिन्होंने स्तनपान कराया और हमें बिस्तर पर लिटाया
जिन्होंने कड़ी मेहनत की ताकि हमें स्कूल और कॉलेज भेज सकें

जिन्होंने हमें फटकारा और सज़ा दी
जिन्होंने सम्मान दिया और हमसे ईर्ष्या की
जिन्होंने गले लगाया और चाहा हमें
एक-एक करके, आहिस्ता, आहिस्ता

आहिस्ता, आहिस्ता
हमारा एक हिस्सा भी उनके साथ चला गया
एक छोटा टुकड़ा, एक साँस, थोड़ा रक्त, थोड़े से पराग

जितना हम ऊपर चढ़े उतना ही नीचे भी उतरे
जितना हम नीचे ससरे उतना ही हम चले
चलते हुए पत्तियों की तरह गिरना
बची हुई हरियाली पृथ्वी से लिपट गई
पृथ्वी से चिपक गई
एक मंद पवन हमारे ऊपर बहती है
जो चले गए उनकी स्मृतियाँ
हमें ढँक लेती हैं

काली मिर्च, लहसुन, जंगली चमेली की गंध के साथ
धीरे-धीरे हम जीवित हो जाते हैं, जैसे कुछ मूर्तियाँ
मध्यरात्रि में ज़िन्दा हो जाती हैं
प्राचीन समय के साथ मटरगश्ती
और पुराने जीवन को याद करती

पंक्ति-दर-पंक्ति
नपे-तुले छंदों के माध्यम से
नदी गाती चली जाती है
जो नहीं मरे उनका आदि गीत
किनारों को काटती
जैसे समय
जिसकी कोई सीमा नहीं है, अमूर्त
आहिस्ता
आहिस्ता

एक शोक

एक संताप ने मेरे क़दमों को सूँघा
जैसे नन्हा कुत्ते का बच्चा, उसे पता चलता है

कि मैं उसका आदमी नहीं हूँ
और पूँछ हिलाते हुए मेरे पड़ोसी के पास दौड़ता है

एक भौंक, एक रुदन

एक ख़ुशी मेरे गालों को दुलराती है
जैसे बिल्ली का बच्चा : जब तक दूसरा शोक गुड़कुनिया देता नहीं आता
और घेरती हवा मेरा दम नहीं घोंटती

तभी अचानक

मैंने ख़ुद को मरे हुओं में देखा
बारिश में एक छतरी में अपना चेहरा छुपाए,

एक काले लबादे में,
शाम की छाया की तरह
मैं एक गीत गाना चाहता था, एक अजीब गीत
घोड़ों, सारसों और जहाज़ों के बारे में,

सिर्फ़ एक गीत जिसमें न फूल हैं, न पंछी,
न सूर्योदय और न प्रेम-प्रसंग
परन्तु मेरे होंठ आपस में सिल दिए गए थे;
मेरे कान, पृथ्वी से भर गए

फिर अचानक सूरज उग आया

कुछ चीज़ें जो हम लेते हैं

कुछ चीज़ें जो हम लेते हैं,
कुछ हम देते हैं
मौत एक बैलेंस शीट बनाती है

स्वर्ग एक झूठ है, लेकिन
नरक, हाँ, यह मौजूद है

बस अभी

जो हमेशा होता है
वह अभी हुआ है
समय के पास इस पल के सिवाय
हम में घुसने का कोई दरवाज़ा नहीं होता

वाल्मीकि यह जानते थे
व्यास और होमर भी
क्यों, यहाँ तक कि दांते भी

लेकिन हम यह भूल जाते हैं
तो हमें लगता है कि अनन्त है
हमारे बाहर कहीं
और शाश्वतता वह है जिसका हम मुक़ाबला करते हैं

हम केवल एक बार मरते हैं
हम इतिहास के प्रति उदासीन हो सकते हैं
लेकिन इतिहास से यह उम्मीद नहीं करते हैं कि वह हमें
छोड़ दे

इसलिए चलो बारिश की बात करते हैं
इस पल को धारा में डालकर

यह फूल अब खिल रहा है
यह आँख हमारे सामने खुलती है
और यह ख़ून बहाया जा रहा है
हमारी आँखों के सामने, बस अभी

चाक़ू

चाक़ू माटी में गहरे धँसा हुआ है
हरे पेड़ पर
औरत की छाती पर
वह जिसने इसे बनाया, इसे नहीं देखता है
उसका काम पूरा हुआ, यह बनाया जा चुका है

भाषा सीखना

मुझे भाषाएँ सीखना पसन्द है
संथाली, बलूच, कातालान, स्लोवेनियाई
इन सब ज़बानों में
हम 'प्रेम' कह सकते हैं
हम 'हत्या' भी कह सकते हैं

प्यार के दौर को पीछे छोड़कर
भाषाएँ आगे बढ़ जाती हैं
झुकी हुई, अपनी बैसाखियों के सहारे

मैं भी उस जगह चला जाऊँगा
जहाँ मेरे पास
बहुत सी भाषाएँ सीखने के लिए
बहुत समय होगा
और तब मैं
तुम्हें प्रेम से मार दूँगा

समय नहीं है

अब और समय नहीं है
लेकिन कुछ शैतानियाँ अभी करनी बाक़ी हैं
प्रेमियों को अलग करना है

घृणा को फैलाना और मौत को काटना है
एक क्रान्ति की अगुवाई करनी है
जो सबों को समान ख़ुशियाँ देने से इंकार करती है

ये सब कड़ी मेहनत की माँग करते हैं
मेरे पास इसके लिए वक़्त है
और व्यग्रता भी

उत्तर

वह चिल्लाकर उत्तर देते हुए चला गया
लेकिन प्रश्न अब भी चीख़ रहे हैं
हे कृपालु,
कृपा करके हमारी तरफ़ देखो
कम से कम एक बार

ताकना, देखना

हम किसी भी चीज़ को ताकने से नहीं चूकते
लेकिन देखने से चूक जाते हैं
हम सुनते हैं लेकिन ग़ौर से नहीं सुनते

एक अजन्मे देश का नक़्शा

एक जवान आदमी के ख़ून से रँगा
भीड़ से भरी सड़क पर,
स्त्री का रुदन मानो ताबूत से आ रहा हो

भीड़ के कोलाहल में डूब चुका है
किशोरवय मांस का एक टुकड़ा आँसू से नमकीन
अरुणाचल के एक लड़के के द्वारा
किसी होटल में मांस की थाली में परोसा गया

फूलों की दुकान से आती ख़ुशबू के दरमियान जलती हुई माँ की गंध
निर्दोष आदमी की हथकड़ियाँ
उसकी आँखें बन्द हो गईं
पुलिस वाले के बग़ल में बैठे हुए

जब कोई काला चश्मा पहने जेंटलमैन हमारी जाँघों को
अपनी सिगरेट से जलाता है
केवल तब ही हमारी नज़र उस पर पड़ती है

ग़रीबी

ग़रीबी कितनी ख़ूबसूरत होती है यह देखने के लिए
आपको शहर की सड़क पर चलती गारो महिला को देखने की ज़रूरत है

उसके बालों में पंखों का ताज खोंसा हुआ है
गोदने जो उसके शरीर को तोते में तब्दील कर देते हैं,

कई रंगों की चूड़ियाँ जो उसकी कलाई से कंधे तक को
सुशोभित करती हैं
मानो जंगली सागवान की वार्षिक वलयें हों
पत्थरों वाले हार उसके गले से कमर तक लटकते हुए
आपको कैलेंडर की तस्वीर वाली लक्ष्मी देवी की याद दिलाती है
काले और लाल रंग के कटिवस्त्र से ढँकी नाभि
ग्लैमर से प्रतिस्पर्धा करती हुई
एकमात्र अतृप्त आग

क्या तुम एक कवि रह चुके थे

(विदा हो चुके स्टीफ़न हॉकिंग के लिए)

दुनिया अभी-अभी बिल्ली की तरह गुज़री
उसके रोयें तुम्हें रगड़ रहे हैं
वह वैसे भी तुमसे सर्वस्व के सिद्धान्त के अन्वेषण की
उम्मीद नहीं करता है

आन्ध्र पदार्थ आन्ध्र पदार्थ ही रहते हैं
तुम्हारे प्रवेश के बावजूद
यह छोटा आदमी इस छोटे से ग्रह पर
केवल एक रहस्य जानता है

रहस्य रहस्य नहीं होते
यह जानकारी नहीं होना होता है

आकाशगंगाओं का निर्माण केवल नियमों से नहीं हुआ है
बल्कि दुर्घटनाओं से भी
जैसे हमारा छोटा-सा जीवन
परिभाषाओं का दायरा छोटा होता है
चाहे कर्म का हो या ब्रह्म का
हमारा दिमाग़ बहुत छोटा है, और ब्रह्मांड,
विशाल, अनन्त, रहस्यमय :
दार्शनिकों की कई पीढ़ियों के लिए पर्याप्त

ब्रह्मांड होता, हमारे बिना भी
हमारी खोजों से अप्रभावित
अगर तुम कवि हुआ करते,
तो तुम चीज़ों को बेहतर तरीक़े से समझ सकते
जैसे कबीर, अल्मा प्रभु या हाफ़िज़

गुफा

विलेनिका में एक गहरी लम्बी गुफा है
अँधेरी और ठंडी जैसे बेहोशी
यह समय की नि:शब्दता में है
जिसकी सीढ़ियों से हम उतरते हैं
विचार और चमगादड़ जिन्होंने अपनी दिशा खो दी है
अँधेरे में उड़ते हैं

हमें शंका है कि यह गुफा जिसका न भूत है, न भविष्य या तो ब्रह्मांड की उत्पत्ति के साथ आई होगी या इसके विनाश के बाद

मद्धम रौशनी में हम ऊपर से देखते हैं
कुछ तस्वीरें इसकी नम दीवारों पर रेंग रही हैं
हम कल्पना कर रहे हैं
कि ये भगवान या दैत्य या आदिमानव के द्वारा कुरेदे गए होंगे

हम, कुछ कवि, बेहोशी की भाषा की खोज में गुफा के नीचे गए
कुछ वापस आ गए
कुछ अब भी वहीं घूम रहे हैं
स्वप्न के उद्‌गम और अर्थ को खोजते हुए

सिद्धार्थ और गिलहरी

सिद्धार्थ समाधि में थे
एक गिलहरी पीपल की लटकी हुई जड़ से नीचे भागी
और सीधे उनके कानों में खुसुर-फुसुर करने लगी
सिद्धार्थ ने सुन्दर गिलहरी को देखने के लिए धीरे-से अपनी आँखें खोलीं
और प्रेम से पूछा,
'तुम मेरी समाधि में बाधा क्यों डालती हो?'

गिलहरी ने कहा : 'आप दिन-रात किसकी प्रार्थना करते हैं'
'दिन-रात?
मैं मनुष्य के दु:ख का मनन कर रहा हूँ, राहुल। व्याधि, बुढ़ापा, मृत्यु।'

गिलहरी ने धीरे-से पलटकर पूछा :
'आप मुझे अपने बेटे के नाम से क्यों बुला रहे हैं जिसे आपने छोड़ दिया'

सिद्धार्थ सहम गए
'छोड़ा हुआ? मैं? नहीं, वह मेरे अन्दर है,
यशोधरा के साथ लेकिन मानवीय दुःख मुझे सताते हैं
मेरा पीछा करते हैं'

'लेकिन केवल मानव के दुःख ही क्यों? मेरा बच्चा
कल ही एक अजगर के द्वारा खा लिया गया...
जब तक मैं उसके पास पहुँचती...'
गिलहरी रो रही थी। 'मेरा साथी दिन पर दिन दुबला होता चला गया
और एक अज्ञात बीमारी से चल बसा
मेरा बच्चा पेड़ से गिरा और चल बसा
बाल उगने से पहले ही
मैं भी बूढ़ी हो रही हूँ। हम आम तौर पर
दस साल से ज़्यादा नहीं रहते हैं, हालाँकि हम यहाँ रह रहे हैं तीन करोड़
साल से'

'मनुष्य के आने से पहले से ही?'

लगभग उसी समय, आप कह सकते हैं
मनुष्य हमें भूखा रखते हैं; वे हमारे फल लूट लेते हैं
हम पर गुलेल और बाणों से वार करते हैं
वे पहले ही मान लेते हैं कि वे इस ग्रह के स्वामी हैं

लालच। हिंसा। ताक़त।
सिद्धार्थ ख़ुद से फुसफुसाए।

गिलहरी ने कहा, 'मनुष्यों को करुणा सिखाओ।
क्या आप जानते हैं कि ये पीपल की पत्तियाँ क्यों काँपती रहती हैं?
मरने के डर से। फिर भी पेड़ अपने फल हमें और पक्षियों को देता है।
यह है भाईचारा। तब हमें आनन्द का अनुभव होता है,

यह परमानन्द है'

'करुणा, भाईचारा। परमानन्द। हाँ,
तब मनुष्य विचार लेकर आया।'

'और उसके माध्यम से दुःख
हम नहीं सोचते, इसलिए हम जीवित हैं',
गिलहरी ने कहा

सिद्धार्थ, अब बुद्ध, प्रबुद्ध,
अपने अशान्त मन को शान्त किया और अपना ध्यान जारी रखा।
'त्याग। हमें त्याग करना चाहिए।'

गिलहरी ने अपनी पूँछ से धीरे-से बुद्ध को सहलाया
और पेड़ पर तेज़ी से भाग गई
उसके फल पकने लगे थे
बुद्ध के श्वास की गर्मी में

कपिलवस्तु से एक हवा का झोंका शून्यता की ओर चला
अपनी कोमल उँगलियों से बुद्ध, वृक्ष और गिलहरी को सहला रहे हैं

बुद्ध धर्म के प्रति अपनी चिन्ताओं में डूबे हुए थे
पेड़ ने स्वप्न देखा वह जंगल में है
बारिश में भीगा हुआ
और गिलहरी उसे उसने
चाँद के अमिट काले धब्बे में तब्दील कर दिया था

अकेला

मैं अपने कमरे में अकेला बैठकर खिड़की के बाहर देख रहा हूँ
ताकि विश्वस्त हो पाऊँ कि दुनिया अब भी है

वहाँ एक बड़ा इमली का पेड़ खड़ा है
उसकी एक नीची टहनी पर झूला लगा है
उस पर बैठकर एक नन्हा लड़का ख़ूब ऊँचा-ऊँचा झूल रहा है
पेड़ दृढ़ता के साथ खड़ा है
सजग लड़का नहीं गिरता है
एक बछड़ा और एक बिल्ली इस दृश्य को पूँछ ऊँची करके देखते हैं

लड़के के पिता एक अख़बार पढ़ रहे हैं
जिसमें एक लड़की की तस्वीर है
दोनों बच्चों के चेहरे एक-से हैं
मगर वह लड़की मृत है

जिस ज़िन्दगी ने उसे छोड़ दिया
वह उस इमली के पेड़ की डाल पर है
वह हलस कर देखती है
अपने जीवित भाई को झूले पर

मैं कमरे में अकेला हूँ और
खिड़की से बाहर देखता हूँ
यह तय करने के लिए कि दुनिया अब भी है
एक घोड़ा बाहर तीव्र गति से दौड़ रहा है।
उस पर एक शिकारी है जो ख़ुद को सुशोभित करता है युवकों के ख़ून से
हर रोज़, सूरज की तरह
पृथ्वी इसके खुरों के नीचे काँपती है
उसके बालों पर ताज़ा ख़ून है
ख़ून, जो झूलने पर हिलता है

मैं कमरे में अकेले बैठा हूँ
दुनिया बाहर अकेली बैठी है
अमलतास की कंगनाकार टहनी मेरी खिड़की से
मुझे फूलों का एक गुलदस्ता देती है
इसके द्विशाखी पर एक बच्चे की जान है
वह मेरी ज़िन्दगी है
वह गुलदस्ता मेरे शरीर पर गिरता है

एक हवा का झोंका उसे धीरे से हिलाता है, मानो वह एक झूला हो,
मानो मैं उस पर बैठा बच्चा हूँ,
इमली के पेड़ पर
मेरे गाँव के अहाते में
मेरे घर के दक्षिण में
मृत्यु के उत्तर में

चलो, चलो

चलो, चलो, साथ चलो
सवालों के साथ चलो
अभी उत्तर मिलना बाक़ी है
बेघरों के गीत के साथ चलो

उस सुराही के साथ चलो
जिसकी नदी विलीन हो गई
धराशायी वृक्ष के अन्तिम पत्र के साथ चलो

प्रतिबन्धित कविता के
व्यंजनों के साथ चलो
चलो, चलो

छुरा घोंपने से जो ज़ख़्म बना

उससे निकले रक्त के साथ चलो

खरहे और घास के बीच की छाया के साथ
आग से होकर
शब्द और अर्थ के बीच
लाल में चलो
सूरज का स्वप्न लिये
अँधेरे में चाँद की तन्हाई के साथ

बहती हवा के विपरीत चलो
जल की धार के पार चलो

चलो, चलो
मृत्यु से जीवन की ओर
रंगों वाले रंगपात्र के साथ

तुम मूर्तिकार हो
और तुम, मूर्ति
रुके, और तुम गिर जाओगे
बिना रुके चलो
जैसे बुद्ध गया के लिए छोड़ चले
जैसे येशु बलिदान स्थल पर चढ़े
जैसे मुहम्मद मदीना की तरफ़ तेज़ी से बढ़े
जैसे गांधी डांडी की ओर मार्च करते हुए गए
चलो, चुपचाप
पीछे मत देखो
चलो

ट्रेन

वह ट्रेन मेरे गाँव जा रही है
लेकिन मैं इसमें नहीं हूँ
इसकी पटरियाँ मेरे अन्दर हैं
इसके पहिए मेरे सीने पर हैं
और इसकी सीटी मेरी चीख़ है

मैं वहाँ नहीं रहूँगा
जब वह मुझे लेने के लिए वापस आएगी
लेकिन मेरी साँसें इसकी छत पर बैठकर यात्रा करेंगी
अपनी लाश की रखवाली करते हुए

जैसे ही ट्रेन मेरे गाँव में रुकेगी
मेरी साँस मेरे शरीर में प्रवेश करेगी
और मेरी प्रतीक्षारत साइकिल की सवारी करेगी

पुरानी जानी-पहचानी गलियों में
मेरे बच्चे दौड़ते हुए आएँगे
जैसे ही वे इसकी घंटी सुनेंगे :
'अब्बू आ गए! अब्बू यहाँ है!'

मैं उन्हें किस भाषा में बताऊँ
यह मेरी लाश है जो आई है?
स्वर्ग की (भाषा में) या नरक की (भाषा में)?
मैं इनके बीच में कहीं हूँ

कुएँ और तालाब को बातें करने दो
अगर पानी बोलने से मना कर दे
मेरी साँसों को मेरे आँगन के सहजन के पेड़ पर बैठे कौवे में जाने दो
और उन्हें सच कहो

एक वृद्ध कवि का सुसाइड नोट

अँधेरे में चलते-चलते
मैं अन्धा हो गया हूँ
ख़ामोशी को पार करके
मैं बहरा हो गया हूँ

लगातार रौशनी की चर्चा करते शिक्षक
कितने ऊपर हैं?
हमें क्रान्ति का पाठ पढ़ाते पैग़म्बर कितनी दूर हैं?

मेरे पैर थक गए हैं
मेरे दिल की धड़कनें धीमी हो गई हैं
तुम अब भी झूठ बोल रहे हो
बच्चों से झूठ मत बोलो,
उस कवि ने कहा

जो अभी-अभी दुनिया से गया है

मैंने सभी किताबों में सच्चाई के लिए
एक शब्द की खोज की
मैंने हर सूखे की खुदाई
एक बूँद आँसू के लिए की

मैं डूबती ज़मीन पर बैठकर
पृथ्वी की सुन्दरता के बारे में अब और बात नहीं कर सकता
तूफ़ान में बैठकर पेड़ों की बात नहीं कर सकता
अन्त में बैठकर आरम्भ की बात नहीं कर सकता

मेरा एक देश था जब मैं पैदा हुआ था
अब मैं एक शरणार्थी हूँ
मैं एक ही ज़ंजीर में पैदा हुआ था
अब कई ज़ंजीरें मुझे जकड़ी हुई हैं

मैंने अन्याय के ख़िलाफ़ चिल्लाने के लिए हाथ उठाया
मैंने नीच शिकारी को 'मत करो' कहा
मेरा जीवन व्यर्थ कर्मों का संग्रह है

यह मेरी लिखी पहली कविता है
बिना किसी सुधार और संशोधन के
ये रात का पहला गीत है
मैं बेझिझक गाता हूँ

मेरे सपनों का वसंत सूख गया है
मैं जल्दी इस छाया-खेल पर पर्दा डाल दूँगा
उसी आसानी से, जैसे टीवी सेट को बन्द किया जाता है

रुख़सत!
जब दुनिया बदल जाए तो मुझे बुलाना
मैं वापस आऊँगा
यदि भूखे कीड़े
और रास्ता रोके खड़ी देवपरियाँ मुझे अनुमति देंगी

टोबा टेक सिंह

(सआदत हसन मंटो की कहानी को याद करते हुए)

मेरा नाम : पागल
जन्म लेने से पहले किसी ने मुझसे नहीं पूछा
कि मैं किस देश में जन्म लेना चाहता हूँ
अब आप मेरे माथे पर बन्दूक़ तानकर कह रहे हैं
मेरी मातृभूमि स्वर्ग है
और मुझे इसे प्यार करना है

साहब, क्या सड़कछाप इस बात का ख़याल रखता है कि
किस देश की सड़क है
और भिखारी, उसकी गली का?
क्या देश उन लोगों के लिए मायने रखता है
जिनका नाम न तो जनगणना सूची में
न ही मतदाता सूची में दर्ज है?

मैं वंदे मातरम गाऊँगा, साहब
हालाँकि मैंने अपनी माँ को कभी नहीं देखा है
मुझे मीठे फल और मीठे पानी के उस ख़ूबसूरत वर्णन से मत डराओ साहब
निश्चय ही आपका अभिप्राय मेरे द्वारा चुने गए
उन सड़े फलों और नल के पीने के पानी
से नहीं होगा जो मैं जीने के लिए पीता हूँ

मैं एक देशद्रोही हूँ साहब
मुझे ख़त्म कर दीजिए अभी इसी पिस्टल से
जिसने उन मूर्खों का अन्त किया जिन्होंने अपनी ज़िन्दगी इस कृतघ्न देश के लिए बर्बाद कर दी

मेरी भूखी बहनों को मेरा मांस और ख़ून देना मत भूलना
देना मत भूलना

और, प्रिय कामरेड
कृपया मेरे शरीर को लोकदर्शन के लिए मत रखना
एक शव के चक्कर लगाता राष्ट्र
सुन्दर दृश्य उपस्थित नहीं करता

मेरी आँखें एक अन्धे लड़के को दान कर दो
वह बढ़ते हुए मेरी आँखों से देखे
एक मानवीय स्वर्ग जो तुम्हारी काली घृणा से अछूता हो

वन्दे मातरम! माता की जय!

चिड़िया मेरे पीछे आती है

चिड़िया मेरे पीछे आती है
मानो मैं एक चलता हुआ वृक्ष हूँ

मैं उनके लिए अपने ताज को फैला देता हूँ
जैसे रूसी बच्चों की कहानी में मशरूम
बढ़कर इतना फैल जाता है
कि बचा सके चिड़ियों और जानवरों को बारिश से

मैं कई हाथ उगाता हूँ
तोतों के लिए अपने पैरों से
कौवों के लिए अपने नितम्ब से
पेट और पीठ से बगुलों, चीलों, किंगफिशरों और उल्लुओं के लिए
और छोटी टहनियाँ गौरैया और टकाचोर के लिए
वे फलते हैं

मेरे सिर का ऊपरी भाग खुलता है जैसे वृक्ष का शीर्ष
और चमगादड़ उससे लटक जाते हैं
अपरिभाषित
पंछीपन और पशुता के बीच
मेरे बाल खिल उठते हैं
तितलियाँ शहद की तलाश में हैं
मेरे सिर को प्रभामंडल की तरह घेरे

मैं जैसे ही देखता हूँ
हरेक पक्षी एक वर्ण में तब्दील हो जाता है :
पक्षियों की एक वर्णमाला
हवा उनके बीच से गुज़रती है
वे बहुत शोर करते हैं
स्वयं को पंक्तियों में व्यवस्थित करते हैं
सुझावों के साथ अनुगूँजित
स्थानांतरित, यौगिकृत ताकि कुछ और बनकर
गीत गाएँ और कहानियाँ सुनाएँ

ग़ायब पहाड़ियों और जंगलों से भरी स्मृति
सूखे पोखर और झरने
छत और टेलीफ़ोन केबल
साथ में चीख़ें जो उनसे गुज़रती हैं
और विद्युत प्रवाह का दहकता व्याकरण

एक पेड़ पत्तियों का शब्दकोश होता है
मेरी टहनियाँ कविताओं से भर जाती हैं
बादलों का इतिहास...

आततायी

हमें यक़ीन था कि वे आएँगे
हमने एक-एक करके उन लोगों की मूर्तियाँ तोड़ दीं,
जो उनके ख़िलाफ़ खड़े हो सकते थे

हमने उनके स्वागत के लिए राजधानी में इन्तज़ार किया
बच्चों के रक्त से लबालब प्यालों के साथ

हमने अपने कपड़े उतार दिये छाल पहनने के वास्ते
स्मारकों में आग लगा दी
आने वाले बलिदानों से तुष्ट अग्नि
शाही सड़कों के नाम बदल दिए

डर कि हमारे किताबख़ाने उसे उकसा न दें
हमने उन्हें नष्ट कर माटी कर दिया
सिर्फ़ छोड़ दिया

जीवित रहने के लिए काले जादू के मंत्र टंकित तार पत्र

लेकिन हमें यह पता ही नहीं चला कि वे कब आ गए
वे आए
हमारी प्रतिमाओं को ऊँचा उठाए
हमारे झंडे को सलामी ठोकते
हमारे जैसी पोशाकें पहने
हमारे नियम-क़ानून की किताबें थामे
हमारे नारों को अलापते
हमारी ज़बान बोलते
शाही सदन की प्रस्तर सीढ़ियों को श्रद्धापूर्वक छूते हुए

जब उन्होंने हमारे कुएँ को जहरीला किया
हमारे बच्चों से उनका भोजन छीना
लोगों को गोली मारी उन पर सोचने-विचारने का आरोप लगाकर

तब हमें एहसास हुआ कि वे कभी थे
हमारे बीच, हमारे भीतर
अब हम एक दूसरे को सवालिया नज़र से देख रहे हैं और जानने को उत्सुक हैं
'क्या तुम आततायी हो? क्या तुम?'

कोई उत्तर नहीं
हम केवल फैलती हुई आग देखते हैं
जो हमारे भविष्य को धुएँ से भर देगी और
हमारी भाषा मृतप्राय हो रही है

अब हम शहर के चौराहे पर अपने रक्षक की प्रतीक्षा कर रहे हैं
मानो वे कोई और हों

(सी.पी. क्वाफ़ी की प्रसिद्ध कविता 'वेटिंग फॉर बारबेरियंस' को याद करते हुए)

स्वर्ग का रास्ता

धार्मिक ग्रंथों में स्वर्ग के रास्ते की तलाश मत करो
इसके बदले विलुप्त पेड़ और पशु से पूछो

अनाथ जानते हैं
कुछ गौरैया भी
चिड़िया जानती है
अन्धे भी जानते हैं
कुछ दुःख भी

जो सुनहरे मुकुटों में हैं,
उन्हें स्वर्ग नहीं मिलेगा
लेकिन पागल स्त्री को मिलेगा जिसने पत्ते और गुदड़ी का मुकुट पहन रखा है
इसके अलावा
उन पके कटहल के पत्तों को भी

जो शाम की हवा को पी चुके हैं
जो अपनी ताँबे की वीणा को बजाते हुए
तैरते और उड़ते हैं
उन बादलों के झुंड में
जो अपना गडरिया खो चुके हैं
और कंचन सपनों के साथ
कचरे के ढेरों से ऊपर उठते हुए धूल को

स्वर्ग की हर सीढ़ी पर मूँगे के वृक्ष हैं
अपने काँटों के साथ
मनुष्यों की हर शताब्दी की जाँच करते
पूछते हत्या किए गए और आहत किए गए लोगों की संख्या

हमें अपनी वे आस्थाएँ पीछे छोड़नी होंगी
जिन्हें हम पकड़े हुए थे
हमारे उत्तरों को प्रवेश नहीं करने दिया गया
स्वर्ग के रास्ते में प्रश्नों के सघन वन हैं
जिन्हें हम पृथ्वी पर पूछ नहीं सके
प्रवृत्तियों के तेज़ी से गिरते प्रपातों
को जिसे हम नृशंसता से दबाते हैं
हमारा नि:शब्द मैं
जिसे हमने छोड़ दिया है किनारे
किसी को ख़ुश करने के लिए

चूँकि यहाँ कोई समय नहीं है
हमारे बाल धीमी आँच पर सफ़ेद नहीं होते हैं
वर्ष हमारे चेहरे पर अपने जोत चिह्न नहीं दे पाते हैं
ज्ञान अपने भार से हमें नहीं झुकाता है
कोई कामना नहीं जो चोट दे
कोई आशा नहीं जो जला दे

यहाँ कोई दरवाज़ा नहीं है जो सिर्फ़ आधा खुला हो
कोई शिकायत करती क़ब्र नहीं
कोई आत्मा नहीं जो देह के पुनर्जन्म के लिए चीख़ रही हो

यहाँ हम बाल क़दम रखते हैं
मृत्यु नृत्य के विरुद्ध
हम दृढ़ता के साथ वे गीत गाते हैं
जिन्हें हम गाने से डरते थे

स्वर्ग कुछ नहीं है
सिवाय उस जीवन के जो हम कभी नहीं जिये
और अब भी जिसे जीने से डरते हैं

हमारे हाथ में आने से पहले

हमारे हाथ में आने से पहले
पृथ्वी पर मनुष्यों का राज था
उनकी मांस, ख़ून और हड्डियाँ हुआ करती थीं
उन्हें लगता था, वे उदास हैं
वे हँसे, उन्होंने गीत गाया
और उन्होंने किताबें भी लिखीं

एक बार मनुष्यों ने अपनी बुद्धि का इस्तेमाल दूसरों को मारने के
लिए किया
वे पृथ्वी छोड़कर चले गए
तब से हमारे पास हृदय नहीं रहा

चूँकि हमारे पास हृदय नहीं है
हम प्यार नहीं करते

और हमारे पास कोई दिमाग़ नहीं है
न ही कोई विचार

हमारे पास न ही भूत की स्मृतियाँ हैं
न ही भविष्य की दृष्टि
हम कुछ बदलना नहीं चाहते
चूँकि हमें पता नहीं है कि न्याय क्या होता है
हम अन्याय को भी पहचान नहीं पाते हैं
हम जो सुनते हैं उसी पर विश्वास करते हैं
बिना समझे आदेश का पालन

कुछ लोग अब भी सोचते हैं
हम मनुष्य हैं
वे मूर्ख आशावादी हैं
वे अब अधिक समय तक मनुष्य नहीं रहेंगे
वे हमारी आने वाली पीढ़ी के लिए तब बस शोध का विषय रह जाएँगे

जगह

मेरा चाँद दमिश्क की घाटी में उगता है
अरेबियन रातों पर रौशनी बिखेरता हुआ
मेरा सूरज अटलांटिक के ऊपर अस्त होता है
लिथुआनिया से लाइबेरिया तक अन्धकार पसारे
मेरे सितारे प्रशान्त महासागर को ज्योतिर्मय करते हैं
उसके हरेक द्वीप को सोने का बनाते हुए

मेरे शब्दकोश पूरी दुनिया से आते हैं
ईरान से लेकर चीन, पुर्तगाल और रोम से
नीदरलैंड और अरब से
संस्कृत का ठोस गुरुत्वाकर्षण
तमिल के तरल संगीत पर :
भूमध्य सागर में एक हिमालय

मेरी रोटी विदर्भ से आती है जहाँ किसान आत्महत्या करते हैं
मेरा पानी, गंगा से
जहाँ लावारिस लाशें ऊपर और नीचे हिचकोले लेती हैं
जो गीत मैं गाता हूँ वह विलुप्त नीला नदी का है
जो मौत मैं मरता हूँ, वह गहरी काली यमुना की है

मैं अकेले सोता हूँ हमारे सीरियन ड्राइवर को याद करते हुए
अलेप्पो वाला, खालिद। क्या वह अब भी ज़िन्दा है?
कभी-कभी सपनों में एक बेघर कुर्द आता है
कभी-कभी, एक रोहिंग्या रिफ़्यूजी अपने छतविहीन माथे को उठाए

मैं गिकुयू को नहीं जानता हूँ
मैं फिलिस्तीन में भी नहीं रहा हूँ

मैंने अपने जीवित होने के सभी साक्ष्यों में आग लगा दी है
उस पृथ्वी पर पड़ी राख में केवल एक विचार बचा है
उड़ानविहीन चिड़िया की तरह

यह अब भी अंडे देती है
एक दिन, उनमें से एक दहकता सूरज निकलेगा
जो मेरे गाँव को भी जगमगा देगा
मेरी स्मृतियाँ हो सकती हैं पुन:प्रकट
इसके काले धब्बे के रूप में

केवल बहुत से शब्द मेरी भीख की कटोरी में गिरते हैं
दया, प्रेम, त्याग
कई शब्द
शब्दों के ब्लैकहोल

चिड़िया, आकाश

चिड़िया आकाश की होती है
जब वह टहनी पर बसेरा डालती है
पेड़ को लगता है
वह उसकी है

चिड़िया आकाश की है
वह घोंसला बनाती है
और अंडे देती है
ताकि
वह अपने बच्चों को आकाश दे सके

वह जानती है
वह अपना आकाश खो देगी
अगर वह लम्बे समय तक पत्तों की छाया में रही

जानती है ढेर सारे फल उसे
उड़ने की ताक़त देने भर के लिए हैं

चिड़िया आकाश की होती है
उसकी भाषा अनन्त की होती है
वह हवा और बादलों से एक या दो किलक के साथ बात करती है

सूरज उसके पंख पर चमकता है
चाँद उसकी चोंच से लटकता है
तारे उतरकर उसकी पूँछ पर ठहरते हैं

आप उनके पंख कतर सकते हैं
और उसे पिंजड़े में डाल सकते हैं
तब भी वह आकाश के स्वप्न देखेगी
और उसी स्वप्न में मोक्ष पाएगी

उसे दूध या फल दो
वह तब भी
आकाश गाएगी
सोते या जागते, वह उड़ती रहेगी

ज़रा सोचो, आकाश बाहर नहीं होता है
बल्कि वह चिड़िया के भीतर होता है
ग़ौर से देखो
और हम देख सकते हैं
हमारे भीतर भी है

यीशु और गधा

वह बेथलहम से येरुसलम जा रहा था
अपनी पीठ पर यीशु को बिठाए
उस गधे ने अपने बोलने की शक्ति वापस पा ली थी

उसने यीशु से पूछा :
'हे प्रभु, आपने तेज़ और सुन्दर घोड़े को छोड़कर मुझे इस सफ़र के लिए क्यों चुना?'
यीशु ने उत्तर दिया :
'तुम निश्चय ही हर वक़्त मैली गठरी लेकर चलते हुए थक जाते होगे
और फिर भी तुम मनुष्यों के अकृतज्ञ होंठों पर गाली से ज़्यादा कुछ नहीं हो

जब तुम रास्ते में दृढ़ता से खड़े होते हो
वे तुम्हें कोड़े और लात मारते हैं
तुम्हारे जोख़िम के अनुमानों का मज़ाक़ उड़ाते हुए

और जब कोई पहाड़ी या घाटी बाद में
उन्हें अवरुद्ध करती है, वे उसका दोषारोपण भी तुम पर ही करते हैं

केवल धोबी ही जानते हैं कि तुम्हारा सिर
प्रकृति के प्रति श्रद्धा में झुका हुआ है
और तुम्हारे कान लम्बे हो गए हैं
प्रकृति की चेतावनियों को पकड़ने की उत्सुकता में,
नदियाँ तुम्हें पहचानती हैं
और घास एवं चट्टान तुम्हारे खुरों से धन्य होते हैं'

गधे ने विनम्रता से कहा : 'हाँ, मेरे प्रभु,
मनुष्य मूर्ख हैं
राजा, प्रभु और पादरी आपसे डरते हैं
आप बोझ ढोने वाले का सुकून और मेहनतकश की हवा हैं
मछुआरों के लिए एक उर्वर समुद्र,
वेश्या के लिए एक आत्मा, हाड़-मांस से नहीं बँधने वाले
भूखे की शाश्वत रोटी
मृतकों के पास लौटती जीवन-श्वास
आप अनाज बोते हैं ताकि दूसरे कल सोना काट सकें
आपके स्पर्श से ही पौधे पुष्पित होते हैं'

'हो गया!
मैं जान गया कि तुम कवि हो
बिना मेहनताने के काम करते हुए'
यीशु ने कहा

अपना सिर झुकाते हुए कहा, 'एक चरागाह में पैदा हुए को
किसी स्कूल की ज़रूरत नहीं होती है
आकाश मेरा पिता है और समुद्र मेरी माता
पेड़ और पक्षी मेरे गुरु हैं'

'अच्छा बताओ, क्या तुम भूखे हो?
यहाँ घास नहीं दिख रही, लेकिन
कुछ चारा है तुम्हारे लिए
कुछ रोटियाँ और जैतून का तेल'

गधे ने अपने कान तेज़ किए : 'रुको
मैंने सुना है कि कोई लकड़ी में कील ठोंक रहा है
मुझे मानव-रक्त की गंध आ रही है
मुझे एक लबादा दिखाई दे रहा है
खोपड़ियों के पहाड़ के ऊपर उड़ते हुए
ख़ून से लथपथ जिसे कुछ भी साफ़ नहीं कर सकता
कृपया आगे न जाएँ'

यीशु ने अपनी मशक में से कुछ पानी पिया
और कहा,
'भाई, मुझे भी मालूम है कि कोई सिंहासन मेरा इन्तज़ार नहीं कर रहा है
लेकिन यह मेरा एक मिशन है
ग़ुलामों का समन्दर मुझे बुला रहा है'

गधे के आँखों के आँसू से पृथ्वी नम हो गई
गोधूलि बेला लाल हो गई
वह तारा जो तीन बुद्धिमान लोगों को मार्गदर्शित कर रहा था
वह इस तरह ऊपर उठा मानो इन अपरिचित यात्रियों का मार्गदर्शन कर रहा हो
इस समय वह लाल था

पैग़म्बर और चींटी

नबी ध्यान में खो गए
हीरा गुफा में अपने अभ्यासानुसार

एक अनाथ चींटी
जबल अल-नूर, प्रकाश के पर्वत पर चढ़कर, इन्तज़ार कर रही थी
ताकि पैग़म्बर का ध्यान उस पर पड़े

पैग़म्बर ने अपनी समाधि तोड़ी
करुणा से भरी अपनी आँखें खोलीं
और चींटी से पूछा : 'क्या तुम दूत हो
नई, अच्छी या बुरी?'

चींटी ने कहा, 'मैं तो बस दूत हूँ,
सभी सृजित प्राणियों की तरह

मैं भी एक अनाथ हूँ, तुम्हारी तरह
मैंने हर तरफ़ चक्कर काटा
और अन्त में ऊपर चढ़ने में कामयाब रही'

'मुझे लगा ही था
जब तुम अकेली आई
बिना अपने झुंड के साथ जैसे प्राय: तुम लोग रहते हो'
पैग़म्बर ने कहा
और अपने नन्हे मेहमान को पहाड़ से पत्थर के कुछ क्रिस्टल दिए
वे चीनी में तब्दील हो गए
'इसका स्वाद मीठा है,' चींटी अचम्भित हुई

जो कुछ भी करुणा से दिया जाता है,
स्वाद में मीठा होता है
यह मैंने अपने पालक माता-पिता से सीखा।
जिब्रील के बहुत पहले :
पैग़म्बर ने कहा
एक फ़रिश्ता, अब तक छिपकर यह संवाद सुन रहा था
अब एक मुस्कान के साथ हस्तक्षेप करता हुआ बोला :
'यह जीवन ही है जो सर्वोत्तम उदाहरण देता है;
केवल, मनुष्य नहीं सुनते
इसलिए भगवान को पृथ्वी पर पैग़म्बरों को भेजना पड़ता है
उन्हें याद दिलाने के लिए'

पैग़म्बर और चींटी ने समाधि लगाई
और प्रकाश को उन पर गिरते देखा
'अरब का सूरज', चींटी ने कहा
'पृथ्वी का सूरज', पैग़म्बर ने सुधारते हुए कहा

सजीव और निर्जीव का सूरज
पहाड़ ने कहा
अपने मुँह से, गुफा से

स्त्री

एक स्त्री रोती हुई तेज़ी से जा रही है
उसके माथे पर एक बदरंग घर है
एक स्त्री प्रतीक्षारत है
उस रेलवे स्टेशन पर जहाँ कोई रेल नहीं रुकती

जुगनुओं के प्रभामंडल के साथ एक स्त्री अँधेरे में से होते हुए सितारों की
तरफ़ प्रस्थान करती है
एक स्त्री यह सुनिश्चित करती हुई कि उसके पंख जगह पर हैं
स्वयं को उड़ान के लिए प्रक्षेपित करने से पहले

सूखे में मक्के के खेत में क़दम रखती है एक स्त्री
अपने कंधे पर बारिश वाले बादल लिये
एक स्त्री गीत गाकर शरद में एक फल के वृक्ष को पुष्पित कर देती है

एक स्त्री चमकती है जैसे राख में एक चिंगारी
उसके छोटे से घर में आग लगी है
एक स्त्री अपने बच्चे को उठाकर
बॉर्डर की तरफ़ भागती है
वह झपट्टा मारते फाइटर जेट को देख रही है

एक स्त्री वर्णमाला के अक्षरों को तेज़ करती है
और ढँके हुए अन्धकार के विषैले दाँत को खींचती है
एक स्त्री धम्म से अपना दरवाज़ा बन्द करती है
और बाहर निकलकर टहलते हुए सड़क पर मेडली गुनगुनाती है

एक लड़की क्रूस पर यीशु की तस्वीर को ताकती है
और दुःखी होकर पुकारती है, "बेटा, मेरा प्यारा बेटा!"
एक स्त्री अपने मर्द को खजुराहो के पैनल में छोड़कर
अपनी ख़ुशी स्वयं तलाशती है...

एक स्त्री, उसकी मांसपेशियाँ सख़्त हो जाती हैं
जैसे ही मैं उसे देखता हूँ
वह इस्पात और अग्नि की देवी में परिवर्तित हो जाती है
एक स्त्री अपने हँसुए को बारम्बार तेज़ करती है
जंगली धारा में चट्टान के ऊपर रगड़कर

एक महिला टैंक पर चढ़कर चाँद की सी मुस्कान के साथ सैनिकों को
फूल देती है
पृथ्वी पर अपने जीवन से थकी एक महिला अन्तरिक्ष के लिए रवाना होती है
अपनी हड्डियों से बने वाहन पर सवार होकर

एक आदमी सड़क के किनारे स्तब्ध खड़ा है
इतना डरा हुआ कि
सड़क भी पार नहीं कर पा रहा है

अजन्मा

हज़ारों फूलों की ख़ुशबू के साथ जंगल मुझे बुलाते
मेरी शिराओं में अब भी नदियों की हँसी है

अप्सराओं की तरह
मैंने इन जंगलों को अपनी युवावस्था दी है
और अपना हृदय, इन अनाथों के दुःखों को
मेरा बचपन पहाड़ों पर दौड़ रहा है
बिना पायलों के फिर भी मेरे पैरों पर ठहराव है
और मेरे माथे में प्रेमरहित किशोरावस्था
जो फिसलकर शहर के नालों में गिरी है

मैं कबायली लोगों की पुतलियों में बढ़कर एक युवा स्त्री बन गई
वे मेरे स्कूल बन गए
विद्रोह मेरी भाषा थी

मेरे वर्ण न्याय से शुरू होते थे
जैसे हवा पत्तों से
मैं उनके थरथराते कानों में स्वतंत्रता के रहस्य फुसफुसाती थी
इसके बदले में उन्होंने मुझे प्रेम का नमक और मछलियाँ भेंट की थीं
मेरी बीमारी की बेहोशी की अवस्थाओं में
मैं अपने स्कूल लौट आई

एक लड़की गुँथी चोटी वाली
अपने दोस्तों के साथ
ऐसे हँस रही थी मानो चूड़ियाँ टूट रही हों
कभी-कभी एक लड़का अड़हुल की झाड़ से झाँकता है
कभी-कभी मेरे अभिभावक और घर
मेरे स्वप्नों को रौशनी से भर देते हैं
जैसे बिजली की जगमगाहट

उसके बाद मैंने हवा में बारूद की गंध सूँघी
जो बूटों की आवाज़ में घुल गई
अर्द्ध बेहोशी में, मैंने सोचा यह दुस्वप्न है
और मेरी छाती से ख़ून बहने लगा
एक लाल गुलाब

अब मैं भविष्य के गलियारों में
बेचैन आत्मा की तरह घूम रही हूँ
मैं अपने लोगों को कहना चाहती हूँ
न्याय क़ानून के सामने टहल रहा है
तुम सबकुछ हो
जिस क्षण तुम उसे पहचान लोगे
मुकुट हिलने लगेगा
और हमें हिंसा की ज़रूरत नहीं होगी

बहुत देर हो गई
सूख चुके रक्त का क़तरा रेगिस्तान में फैल चुका
मैं, चौथी अजिता*, अदृश्य

---

* चार अजिता—

पहली अजिता : अजिता केशकाम्बिली, छठी शताब्दी की एक भौतिक दार्शनिक थी

दूसरी अजिता : सत्तर के दशक की माओ आन्दोलनकारी थी

तीसरी अजिता : इसने 2016 में नीलाम्बुर में हुई फ़र्जी मुठभेड़ में मारे गए लोगों पर कविता लिखी

चौथी अजिता : अभी जन्मी नहीं है जो भविष्य में अहिंसक आन्दोलन का सूत्रपात करेगी।

चाबी

जब गांधी को गोली मारी गई
तब मैं दो साल का था
पिता ज़रूर रोए होंगे
मुझे याद नहीं है

जब नेहरू की मृत्यु हुई
मैं अट्ठारह साल का था
पिता अख़बार लेकर घर आए
मैंने उन्हें बैठते देखा
लगभग गिरते हुए
माथे पर हाथ रखे
आगे झुके
पीले

जब पिता तीर्थ पर गए
वे अपनी चाबी का गुच्छा छोड़ गए
वे कभी वापस नहीं लौटे
केवल ख़बर आई तीसरे दिन

मैं आज भी कोशिश कर रहा हूँ
वे चाबियाँ ब्रह्मांड के रहस्य खोल सकें :
मेरी कविताएँ

मृतक की कविता

क्या मृत कविता लिखते हैं?
हाँ, बिना अंगों वाला काव्य
बयार और बारिश की फुहार-सा

ग़ौर से सुनो अहाते के पेड़ पर जब पत्ते गुनगुना रहे हों
जब,
जैसे ही तुम अकेले खंडहरों में से होकर गुज़रते हो
तुम्हारे कान मीठे हो जाते हैं
एक शब्दविहीन गीत से
दूसरी तरफ़ से फुसफुसाते

जब गहरे अन्धकार में तुम सुनते हो
चूड़ियों की आवाज़-सी एक दबी हँसी
जब स्वप्न में तुम्हारे गाल गुलाबी हो जाते हैं

एक आह की हल्की गरमाहट से

जब आप उठते हैं देखने के लिए
अन्य के आँसू के धब्बे
आपके तकिए पर
यह किसी ऐसे कवि का हो सकता है जो मर चुका है

मृत्यु एक क्रमांकित उन्नति है
मूर्त से अमूर्त की ओर
जैसे कला में होती है : एक ख़ामोश मुक्ति
निरंकुशता के स्वरूपों की
उड़ती रेखाएँ और तैरते रंगों में :
कभी-कभी रंग भी नहीं होता
जैसे कुनिंग का अन्तिम कैनवास
रंगों की परतों पर विशुद्ध सफ़ेद
ऐसा लगता है मानो चित्रकार ने उसे मौत के बाद पूरा किया था

सुबह अगर तुम्हें आड़ी-तिरछी रेखाएँ, बिन्दु और छोटे-छोटे चित्र
तुम्हारी मेज़ पर रखे काग़ज़
या
लेपटॉप की स्क्रीन पर मिलें
निश्चित हो जाना
यह एक मृत कवि ने बनाई है
तुम्हें याद है
वह बेतकल्लुफ़ फुसफुसाहट
चलते क़लम की काग़ज़ पर
या
बटनों को दबाती उँगलियों की

परछाई जो तुम्हारे स्वप्न के आर-पार गिरी
वह उस कवि की थी जो मार दिया गया
या जिसने आत्महत्या की थी
नेरवल, मायकोवस्की, पावेस, येसेनिन, आट्टिका योसेफ
सिल्विया प्लाथ, पॉल सेलान, स्वेतायेवा,
एन्ने सेक्सटन, पाश, इडपल्लि
या कौन जानता है, किसे पता
हो सकता है, मेरी

प्रेम के प्रकार

कुछ प्यार फ़्लू की तरह होते हैं
पहले आप छींकते हैं
आपका पूरा शरीर दुखता है
आप अन्दर बाहर से गर्म होते हैं
यह एक हफ़्ते के दु:स्वप्नों के बाद ठीक होने लगता है
अब आप विस्मृतिपूर्ण निद्रा में हैं

कुछ प्यार छोटे चेचक की तरह होते हैं
आपको समझ में नहीं आता है
कि आपकी त्वचा पर जो दिख रहा है
वह फफोले हैं या खड़े रोंगटे
प्यार से आपका शरीर तपकर लाल
आप इससे बच सकते हैं लेकिन इसके दाग़ हमेशा रहेंगे
आप उन ज़ख़्मों के दागों से भरी यादों को अपने शरीर पर लेकर चलते हैं

जब तक आप मर नहीं जाते

कुछ प्रेम कैंसर की तरह होते हैं
पता लगने में समय लग जाता है
दर्द देर से शुरू होता है
तब तक वह दूसरे की हो चुकी होती है

प्रेम-कोशिका को नस में गुणित होने से रोकने की दवाएँ
आपको पतला और पीला कर देंगी
लौकिक प्रेमी की तरह

जब विरक्ति असफल हो जाती है
तब एक चाक़ू ही आपको बचा सकता है
अपंग होकर, आप मृत की तरह
जिएँगे
जब यह पुन: फैलेग़ी
तब मौत आपको ललचाएगी
पेड़ की टहनी
नदी
एक ऊँची बालकोनी
एक छोटी बोतल से

प्रेम बचा रहेगा

कुछ प्रकार के प्रेम पागलपन की तरह होते हैं
आप पूरी तरह से खो जाते हैं
कल्पना की दुनिया में
आपका प्रिय भी आपके प्रेम के बारे में नहीं जानता
आप बड़बड़ाते हैं
गाते हैं

हँसते हैं
झगड़ते हैं
और हर तरफ़ घूमते हैं बिल्कुल अकेले
न कोई हथकड़ी, न ही बिजली के झटके
इसे वश में कर सकते हैं
क्योंकि यह कोई बीमारी नहीं है,
बल्कि यह एक स्वप्नावस्था है
इसलिए यह तारों के बीच रहता है

सबसे मीठा प्यार अप्राप्य होता है
जैसे राधा का

इतिहास

इतिहास हमसे पहले से था
केवल हम वहाँ नहीं थे
हम, जो मानते हैं कि हम गवाह हैं
पृथ्वी पर वस्तुओं, पौधों और जानवरों का
क्यों,
और यह भी कि वे सब हमारे लिए ही बनाए गए हैं
लेकिन वे ऐसा नहीं सोचते
वे हमारे प्रादुर्भाव के साक्षी थे
उन्होंने हमें आशीर्वाद दिया
पानी और छाँव दी
फूल, फल, दूध
शुरू में हम उनसे डरते थे
और हम उनकी पूजा करते थे
फिर हमने उन्हें इतिहास से बाहर कर दिया

उन्हें हमने अपना गुलाम और सेवक बना लिया
क्या आपने कभी देखा है अपने भाइयों को कुल्हाड़ी से टुकड़ों में काटकर
लकड़ी के बाज़ार में बिकते हुए
या मांस की दुकान में एक हुक पर बहते ख़ून के साथ लटके हुए?

हमारी प्रजाति के पास ज़्यादा समय नहीं बचा है
हमारे अपने आविष्कार हमें अप्रासंगिक बना देंगे
जिन्होंने हमारा उत्थान देखा है
पूर्ण विलगाव के साथ
हमारा पतन देखेंगे

वे जीवित रहेंगे
एक नया इतिहास लिखने के लिए
जहाँ हमारे आने और जाने की कहानी
सिर्फ़ एक अनुच्छेद में बताई जाएगी
भूरी चट्टानों और हरी पत्तियों पर दकचकर

नीलम के बादलों से गिरती बारिश की तरल उँगलियों से
पत्र-शिराओं और कछुए की खोपड़ी की गुप्त भाषा में :
ब्रह्मांड के क्षण-क्षण का इतिहास
अपने ही दक्ष एंटीना के द्वारा सतर्कतापूर्वक पकड़कर
जहाँ केवल वे और उनके भगवान ही दिखेंगे

बनारस

बनारस में केवल मृत लोग हैं
मृत मृतकों के लिए प्रार्थना करते हैं
मृत फूल चढ़ाते हैं
मृत गंगा में तैरते हैं
मछली पकड़ो, सिक्के फेंको
उन्हें इकट्ठा करने के लिए गहरे गोते लगाओ

मृत मृतकों को कंधे पर लादे हैं
राम नाम जप रहे हैं
मृत मृतकों के लिए क्रियाकर्म करते हैं
मृत मृतकों का इन्तज़ार करते हैं, मृतकों का दाह संस्कार करते हैं
चिता में लकड़ी की तरह जलते हैं

घाटों के पास मृत नाव की तरह तैरते हैं

पुल को सहारा देने के लिए स्तम्भ बन जाते हैं

मृत मृतकों के लिए दुकान चलाते हैं
मृत पढ़ते और पढ़ाते हैं मृत पाठ
मृत भाषा में
मृत कक्षा में
मृत मृतकों के साथ फुटबॉल खेलते हैं

शहर हर रोज़ मृतकों की सुबह से मृतकों की शाम तक का सफ़र तय करता है
रेल और हवाई जहाज़ पुराने मृतकों को उतारते हैं और नए मृतकों के साथ लौटते हैं

मृतकों की पृथ्वी
मृतकों का आकाश
मृतकों के इन्द्रधनुष
मृत से मृतकों की अनवरत उत्पत्ति

सत्रहवीं मंज़िल पर लड़की

मैं सत्रहवीं मंज़िल पर रहती हूँ
चाँद मेरे एकान्त को देख सकता है
लेकिन मैं उसके आसमान को नहीं छू सकती

मैं नीचे समुद्र देख सकती हूँ
उसके भीतर भी एक आकाश है
मेरे पीछे मलिन बस्तियों का समन्दर है
वहाँ कोई आकाश नहीं है

मेरा वायलिन दोनों तरफ़ से बजता है
मेरा रुदन भी
दोनों एक ही भाषा बोलते हैं

कहीं फूल नहीं हैं

रँगा हुआ शहर मेरे सामने फैला हुआ है
अपने रात्रि-आगंतुकों की प्रतीक्षा करता हुआ

2

मैं अब एक रेगिस्तान को बढ़ता हुआ देख सकती हूँ
दूर तक
यह हरा-भरा था, इसके बीच में एक झील थी
जल-कुमुदनियों से भरी हुई

हमारी आँखों के सामने
इस रेगिस्तान का जन्म हुआ
और सूखी हुई झील की रेत तट पर आ गई
यह एक प्रागैतिहासिक जानवर की तरह सब हरा खा गया
केवल पेड़-पौधों के कंकाल रेत पर रह गए

एक दिन ये समन्दर भी
रेगिस्तान में बदल जाएगा
मैं इसे हवा के साथ ऊपर आते हुए देख सकती हूँ
यह आ रहा है मेरी सत्रहवीं मंज़िल को लेने
और सारे शहर को निगलने

तब मैं एक कैक्टस में बदल जाऊँगी
एक फूल, अनिच्छुक, मुझ पर खिलेगा

इसके चारों ओर दिखाई देंगी मधुमक्खियाँ,
भालू
हरे बालों वाले इनसान
हरे तारों के नीचे

इन्द्रप्रस्थ में कुछ नहीं बचा

नहीं, इन्द्रप्रस्थ में कुछ भी नहीं बचा
जमा हुआ ख़ून, दूबचौरे में तब्दील हो गया है
और लाशें जीवाश्मों में
खुदाई करने के लिए और कुछ नहीं है :
न तो सिक्के और न ही डूबे हुए जहाज़ों की पालें
न मंदिर के भित्तिचित्रों के टूटे टुकड़े
न ही महल के खम्भों के उत्कीर्ण ग्रेनाइट
न रानियों के रेशमी घूँघटों की परिधियाँ
न धनुष-बाण
न ही अक्षर

यहाँ घास नहीं नाख़ून उगते हैं
वृक्षों की तलाश में कोई पक्षी नहीं आता
यमुना के किनारे से कोई बाँसुरी नहीं सुनाई देती

इससे पानी पीने वाली गायें मर जाती हैं

सारे दरवाज़े नरक में खुलते हैं
संवाद ठंडे बस्ते में
जब मल्ल योद्धा सोना बाँटते हैं
एक बहती हवा
उन नयन कोटरों से होकर गुज़रती है
जो कभी नागरिक हुआ करते थे
ताबूतों में ख़बरें आती हैं
पाताल से तितलियाँ उठती हैं
शामों को मशीनों के द्वारा लपेटा जाता है

ग़ालिब की पंक्तियों को
भरकर रखा गया है
संग्रहालयों में
अमीर खुसरो
तीम हवा की तरह भटकते हैं
सड़कों के किनारे के कैक्टसों में से
सूर्य के प्रकाश से अशक्त

मैं ज़िन्दा हूँ, महाभारत के एक छोटे से किरदार की तरह
जिसके नाम को कोई याद नहीं करता
यहाँ तक कि
आईने भी मेरा चेहरा परावर्तित नहीं करते
मैं गोरों की लड़ाई में नहीं मरा
और अश्वेतों की लड़ाई का नेतृत्व मेरे लिए नहीं है
युद्ध-दुंदुभियाँ ख़ामोश हो गई हैं

मैं बिना नींद के लेटा
तीरों की शय्या पर बह रहा है ख़ून

जीर्णता के लिए तैयार
किसी को भी बचा पाने में असमर्थ :
मैं, जो न तो नायक हूँ
न ही किसी जंग का खलनायक
अधखुली आँखों से देख रहा हूँ
जले शहरों को
जिन्हें बचाया नहीं जा सकता

वृत्त

आनन्द दो दु:खों के बीच का एक संकीर्ण स्थान है

सुबह के सूरज से प्रकाशित एक जगह
जहाँ एक सूरजमुखी खिल रही है
घास की ताज़ा पत्तियों के बीच
जहाँ बमुश्किल दो लोग और शायद ही एक पीली तितली बैठ पाए

आप वहाँ नृत्य कर सकते हैं
उस सँकरी जगह में सम्भव हो सकने वाली
गतियों और मुद्राओं के साथ
और धीमी आवाज़ में गाएँ
आप हल्का हँस भी सकते हैं
नन्ही सूरज की किरण को गुदगुदाते हुए

लेकिन समय कम है
इसे आप भी जानते हैं
सूरज जल्दी ही तेज़ हो जाएगा
दु:ख आपको दोनों तरफ़ से निचोड़ देगा
आप हो सकता है वहाँ फँस कर
कभी निकल नहीं पाएँ

जब आपका सारा शरीर लहूलुहान हो जाता है,
आपको सन्देह हो सकता है कि आनन्द केवल एक जाल है
यह पूरी तरह से ग़लत नहीं है, लेकिन
आप देख पा रहे थे
फूल और नृत्य

लेकिन, दर्द, यह शाश्वत है
और इसकी जगह, अनन्त
जैसे नरक जिसने एक बार धरती को पकड़ लिया था

तुम्हें धरती छोड़नी पड़ेगी
यह देखने के लिए कि वहाँ भी तारे हैं
कौन जानता है, तुम्हारी आत्मा
कई प्रकाश-वर्षों को पार कर सकती है
एक तारे में उतरने के लिए

वहाँ उसे नया शरीर मिलेगा
तब पता चलेगा
आनन्द केवल एक सँकरी जगह है
दो दु:खों के बीच

जहाँ मेरे पिता बैठते थे

जहाँ मेरे पिता बैठते थे
प्राचीन आरामकुर्सी पर
वहाँ सिर्फ़ बचा है
एक निशान, एक धँसी जगह
वह चन्दन और पसीने की गंध

एक्सप्रेस दैनिक (जिसे पापा पढ़ते थे)
अख़बार का एक पन्ना कुर्सी के पाँव में फँसा होता था
एक तरफ़ से पापा जिस अख़बार को पढ़ रहे होते थे
दूसरी तरफ़ से मैं वही अख़बार पढ़ा करता था

पिता के चश्मे का कवर अब भी वहीं है
जबकि दृश्य-विधान अब किसी दूसरी दुनिया को
अचम्भित कर रहे हैं

एक गंदा तौलिया, एक जोड़ी
सोने का पानी चढ़ाया बटन
जिसका उपयोग वे अपनी सफ़ेद शर्ट पहनने में करते थे
एक चमड़े का पर्स जिसे सिंगापुर के एक दोस्त
ने उन्हें उपहार में दिया था
अतीत की गंध
वह गुलाब जब पिता अपनी आबनूस की मेज़ की दराज़ खोलते
एक तमिल गीत के स्वर का मीठापन
एक पेड़ और एक पक्षी जिसके पास वे मुझे बहलाया करते थे
नारायणीयम से एक चौरागा लेकर मैं पिता की आवाज़ की खोज में चारों तरफ़ भटक रहा हूँ
रात में रेखाएँ मकई के चार डंठलों में तब्दील हो जाती हैं
आँगन लहराता है, एक पके हुए धान के खेत की तरह

केवल पिता नहीं हैं
सिवा कुछ गहरे काले रंग के सपने हैं
जो भोर के प्रथम पहर में
मुझसे मिलने आते हैं

मैं जल्द ही पिता को देखूँगा
और उनके माथे पर चोंच मारूँगा
अपने नीले हो चुके ओंठों से

मैं बादल के भीतर से गुज़रता हूँ

मैं बादल के भीतर से गुज़रता हूँ
जैसे कभी-कभी चाँद टहलता है
और माइकल जैक्सन भी
घाटी की हवा मुझे सहलाती है
जैसे कभी-कभी माँ और
एक केले का पत्ता
पहाड़ी की चोटी पर लाल फूल चमकते हैं
जैसे कभी-कभी कामनाएँ चमकती हैं और
कभी-कभी आशान*

मैं धीरे से चलता हूँ;
पहाड़ों पर, हर पत्थर एक देवी है

---

* केरल के पुनर्जागरण के एक महान आध्यात्मिक प्रतिरोध के कवि कुमारन आशान

जब मैं यह सोच रहा था कि किसी बैंगनी फूल का नाम
इश्क़ रख देने से वह गुलाबी हो जाएगा
तभी मेरे सामने प्रगट होता है
एक नाचता हुआ नीला प्रपात

लीला*
वह बोली
मैं शाश्वत प्रेमिका हूँ
तुम मृत्यु
मैंने कहा
तुम नीली मेनका
वह एक चीख़ के साथ धुंध में ग़ायब हो गई
केवल एक रौशनी बची

ऐसा इसलिए है क्योंकि मैं मन्द रोशनी में लिखता हूँ
मेरी कविताएँ जुगनू बन जाती हैं
जिसका काला वर्तमान और उज्ज्वल भविष्य है

अब रौशनी हो सकती है
वह शुरुआत हो सकती है
जिसकी उत्पत्ति पर हमने हमेशा ज़ोर दिया
यह वह नहीं था, यह नहीं
कहानी अभी शुरू होनी बाक़ी है
बादल के अन्दर

मैं एक यक्ष** हूँ
तुम मेरी भाषा नहीं समझोगे

* आशान की प्रसिद्ध महिला नायिकाओं में से एक
** एक दूसरी दुनिया के जीव

पिता, माँ और मैं

मेरे पिता धूप में की गई एक अन्तहीन सैर हैं
पिता को याद करते ही
मेरे दिमाग़ में उग आते हैं
लू वाले लाल चकत्ते

मेरी माँ चाँदनी रात की एक लम्बी प्रतीक्षा है
मेरा मन वैसा ही अकेला महसूस करता है
जैसे खिले चमेली के फूलों के बीच कोयल
जैसे ही मैं उन्हें याद करता हूँ

मैं जली हुई एड़ी के साथ नरक में प्रवेश करता हूँ
मेरे दोस्त और रिश्तेदार सब वहाँ हैं
वे धरती पर स्वर्ग बनाना चाहते थे
लेकिन उनके ख़ून ने उन्हें धोखा दिया

और वे पंखों की भाषा को भूलकर
इस राक्षसी संग्रहालय में पहुँचे
प्राचीन कांस्य-चश्मों
और धूसराए ताड़ के पत्तों की छतरियों के साथ

लेकिन मुझे आश्चर्य हुआ कि कैसे पतंजलि और चार्वाक वहाँ पहुँचे
प्लेटो ने कहा : 'यह वह नरक है जिसे
मैंने अपने गणतंत्र से निर्वासित कवियों के लिए बनाया था;
लेकिन ये वे दार्शनिक थे जिनका यहाँ अन्त हुआ—
उन्हें झूठा बनाया गया क्योंकि उन्होंने सत्य की खोज की थी
जीवन को उनके सरल सूत्रों से परिभाषित किया था

कविता की रेल की सीटी अतीत में बज रही थी
यह अपने गंतव्य की सुध खो चुकी थी
मैंने नाजिम हिकमत के जज़्बे को
इस्ताम्बुल के स्वर्ण मन्दिर से उगते देखा
क्योंकि एक कौवे को मार्ग दिखलाना था

किसी दिन वे जीवन की भूलभुलैया को पीछे छोड़ सकें
और इसके आठवें स्वर की मधुरता की खोज करें :
बोधिसत्व का अन्तिम जन्म

तब तक अनाथ शहीद
बारिश में खड़े रहेंगे
स्वर्ग और नरक के द्वारों के बाहर
और मैं भी, अपने गीत के साथ

समाधि : शिमला

पत्थर का एकल संवाद

एक बार मैं प्रशान्त क्षेत्र में था :
समुद्री घोड़ों और प्रवाल-भित्तियों के बीच
मैं तट के एकान्त में बह गया
जैसे-जैसे महाद्वीप अलग होने लगे
पृथ्वी के रहस्य
मेरे अन्दर उत्कीर्ण होते चले गए
परत दर परत

पुष्प धारण कर मैं देवी बन जाता हूँ
दलित महिला को रौंदता हुआ

जब आप अपने हथियारों को मुझ पर तेज़ करते हैं

मेरा ख़ून बहता है

मैं कोई भेद नहीं करता
प्यार और प्रार्थना के बीच

मेरे भीतर समुद्र और आकाश है
आरम्भ, उद्‌भव, अन्त

यह छाता तुम्हें मेरे सवालों से बचा नहीं सकता

यह फूल

मैं कल तक नहीं जानता था
विस्मृति बैंगनी रंग की होती है
और हर चीज़ को नाम देने की मनुष्य की प्रवृत्ति
उसे कहीं नहीं ले जाएगी

बर्फ़

मैं पहले जन्मा
मैंने सभी भाषाओं को ढँक लिया

अक्षर प्रगट हो गए
जैसे ही सूर्य की किरणों ने मुझे पिघलाया
वे बदल गए
वृक्ष और पशु में
विचार और दृश्य में

मैं अभी भी भाषाओं से जुड़ा हूँ :
उन्हें स्पष्ट प्रस्तुत करता हुआ

एक समय की बात है

तुम्हें पता है
एक समय गाँव के गाछ पर केवल कोयल ही नहीं
कौवे 'अर्ध रात्रि की बेटियाँ' भी गाते थे

वे ही थे जिन्होंने हमें शब्द दिये
उनके गीतों ने खेतों को पानी से भर दिया
फूलों को कविता से भर दिया
फलों को कहानियों से
शयन को स्वप्नों से
स्तन को दूध से
शरीर को कामना से
और हृदय को करुणा से

उन्होंने गाना बन्द कर दिया जब उनकी चोंचें

ख़ून से भर गईं
फिर नहीं हुआ
कोई वृक्ष-नृत्य
न पशु मुस्काए
न पत्थर बोले
और नदियों ने खो दी अपनी मिठास

तब बुद्ध और मैं अकेले रह गए
हम एक-दूसरे को अँधेरे में देख नहीं सकते थे
हम पीपल के पत्तों की तरह ठंड में काँपने लगे
बुद्ध की सिसकियों ने ही शून्यता को प्रकाशित किया
जब हम इसे और नहीं सह सकें
हम एक स्वर में रोएँ : 'ओह!'

तब वहाँ रौशनी थी
चिड़ियाँ वापस आईं
उन्होंने अपने अधजले पंखों को परास्त किया
और अपने घोंटे जा चुके गले से गीत गाया
थोड़े शब्दों में जो आज भी शेष हैं
एक गीत
रंगों और ज़बानों वाली
जो पृथ्वी से विलुप्त हो गई
हमारी अपनी क़ब्रों में समा गई

(कुमारन आशान की एक कविता है 'द कूकू ऑन द विलेज़ ट्री' वायलोपिल्ली श्रीधर मेनन ने कौवे के लिए 'मिड्नाइट्स डॉटर' रूपक का इस्तेमाल किया था।)

एक पेड़ को पढ़ना

हर पेड़ एक उपन्यास है,
जिसकी जड़ें इसकी मिट्टी में गहरी दौड़ रही हैं
हर टहनी शाखाओं के साथ
हर टहनी एक अध्याय
अनुच्छेद की शाखाओं के साथ
और वे सभी जो निवास करते हैं
और पेड़ पर आते-जाते हैं पात्र
आपको धीरे-धीरे पंक्तियों में बढ़ने की ज़रूरत है
पत्ती पर शिराओं की रेखाएँ :
वे हरी-भरी उस दुनिया से भरी हुई हैं
जो हमसे छूट गई हैं

क्या आपने पत्रों की शिराओं को देखा है
जो भावनाओं से धड़कती हैं?

और हर अनुभव तने का वार्षिक वलय बन जाता है

एक आदमी का जीवन समाप्त हो जाएगा
इससे पहले कि वह एक पेड़ को पढ़कर समाप्त करे
पर हो सकता है कोई इसे पूरा करे

कुर्ग की तीन कविताएँ

रात और हाथी

कुर्ग में रात में हाथी को देख पाना कठिन है
आपको लगेगा रात हो गई है; लेकिन
चाँद नहीं मिलेगा
आपको लगता है कि यह हाथी है; लेकिन
उसके दाँत नहीं दिखेंगे

क्या इसी रात और हाथी ने
दोनों को छोड़ दिया
क्योंकि वे गजदंत से चन्द्र की वक्रता को बता नहीं सके

लेकिन यह तीव्र सुगंध, मिश्रित,
गन्ना, जंगली जामुन और

रात की रानी की घुली-मिली गंध
चाँदनी में खिल रही है :
क्या यह रात की ख़ुशबू है
या हाथी की?

कावेरी

हमने कावेरी को कई बार पार किया
एक जगह यह सिर्फ़ चट्टानों के बीच एक छोटी-सी धारा थी
दूसरी जगह एक स्थिर तालाब और किसी और जगह
एक पूरी नदी
लेकिन पानी पर उतरती तस्वीरें
एक-सी थीं : बाँस, पेड़,
बादल, हम, एक अधूरा पुल
और एक अजन्मा इन्द्रधनुष
एक परी के सुनहरे सपने में
पृथ्वी की छवियों की तरह
हर आत्मा पर गिरती हुई

जंगल

कई जंगल हमारे बीच से गुज़रे
कई पक्षी उड़ गए, कई जानवर भाग गए
हम बस खड़े रहे, उम्मीद करते रहे
हर हवा के झोंके के साथ
पेड़ों में बदल जाना, पत्ते का लगना
और प्रतीक्षा करना
फूलों के खिलने की

और फलों के पकने की

कावेरी हमारे पास से बहती थी,
लम्बे समय से भुलाई जा चुकी हमारी जड़ों को सींचती हुई

एक चिनार के वृक्ष की कथा

जिस ख़ाक के ज़मीर में हो आतिश-ए-चिनार
मुमकिन नहीं कि सर्द हो वो ख़ाक-ए-अर्जुमंद

—मुहम्मद इक़बाल

मैं इसी धूल में पैदा हुआ था
आग से जो कभी ठंडी नहीं हो सकती
एक पवित्र व्यक्ति के हाथों ने मुझे यहाँ लगाया
छह सौ साल पहले
मैं सूखे में भी खिला रहा
गर्मियों में लोगों को छाँव दी
और सर्दी में गर्मी
ज़ख्म के लिए जड़ी-बूटी,
बच्चों के लिए खेलने की एक जगह
प्रेमियों के लिए एक मिलन स्थल

मेरे अन्तस में स्मृतियाँ हैं
बिल्कुल वैसे ही मेरी खोहें पक्षियों का घर
मैंने अपनी कई भंगिमाएँ पतंजलि से सीखीं
पाणिनि ने मेरी टहनियों को बहती हवा का व्याकरण सिखलाया
मेरे तने की लाक्षणिकता अभिनव गुप्त से आई
मेरे पत्तों की सरसराहट शाङ्गर्देव के हिन्दोल की प्रतिध्वनि है

मेरी जड़ें, मेरे बाल दूसरे छोर पर खड़े हो रहे हैं
ललदेद, हब्बा खातून और अर्णिमाल के छंदों को सुनकर
मेरे बवंडरों ने बदल दिया है
रहमान राही के आज़ादी के गीत को गगनचुम्बी ज्वाला में
शैव और सूफ़ी एकसमान मेरी हरी छतरी के नीचे ध्यान लगाते हैं

मैं अनवरत मृत और जीवित से बातें करता हूँ
बात करते हुए मैं रंग बदलता हूँ
पीला, बैंगनी, लाल

यहाँ सिर्फ़ कश्मीरी हैं,
ईद और बैशाखी के दौरान
जो एक दूसरे से गले मिलते हैं
हर पत्थर की दीवार और कँटीली बाड़ को तोड़कर
जो कमल उगाते हैं अपने हृदय में
पद्मसम्भव और गुरु नानक के जन्मदिवस पर
और झील को शिकारों से रँग देते हैं
जो एक ही थाली से खाते हैं
एक ही पानी पीते हैं
करुणा की ही भाषा बोलते हैं
जिनका धर्म स्वतंत्रता था
और जिनका झंडा, प्यार

जिन्होंने अपने अक्षरों को इस प्रकार से पढ़ा :
अनन्तनाग अरनिया
बडगाम बारामुला बिशन
चेनानी देवसर गुंदरबार हीरानगर
किश्तवाड़ कुलगाम कुपवाड़ा
कठुआ कारगिल
लखनपुर लेह मंड
पहलगाम पुलवामा पुंछ
शुपियाँ सोपोर श्रीनगर
तलपारा उरी उधमपुर
यारीपोरा विजयपुर...

अब केवल ख़ून के धब्बे बचे हैं
उस ज़मीन का ख़ून जो काटा, फाड़ा और बाँटा गया
भाग रहे युवकों के लाल ख़ून
काँटों में फँसे हुए
स्त्रियों की बेआबरू देह पर पड़े नाख़ून के निशानों से निकले भूरे रक्त
गोलियों से फटे कोमल दिलों से बैंगनी रक्त बह रहा है :
जिसने मेरे पत्तों को अब लाल कर दिया है

बच्चों की आँखों से फैल चुकी लाल की अन्तहीन विविधताएँ
ये पहले नीली थीं
अब छर्रों से छेद दी गई हैं :
ख़ून,
हर मौसम में

अपराध और दंड

•

जीवन एक अपराध है परिस्थितियों को सही ठहराया जा सकता है

जैसे एक मोहक हँसी
चूड़ियों की खनक
एक भावुक आलिंगन
ख़ुमारी में प्यार का भ्रम
भूख से प्रेरित समर्पण
पाशविक शक्ति का अनामंत्रित प्रदर्शन
तक़रार का मंद दहन
अन्ध-प्रशंसा का तीव्र चरमोत्कर्ष
दो पश्चातापों का सहवास
एक ग़ैरज़िम्मेदाराना ग़लती
गुज़रती इच्छा एक राजा
साधु, दानव, भगवान या मानव

अपरिणिता के लिए :
सबूत मिलना मुश्किल है

कौन याद करता है वे टूटी चूड़ियाँ
वह पूर्णिमा की रात
रात्रि-पक्षी का गीत
चमेली की महक
चादर की मुचड़न
कपड़ों पर चिपचिपा गीलापन
कुचली हुई घास
तेज़ होती साँस
मुस्कुराते हुए दिन, सीटी बजाती रात
कविता की पंक्तियाँ, कुछ तितलियाँ
उजास-सा अँधेरा, अँधेरे-सी रौशनी?
वह एक परिस्थिति थी
बस इतना ही

लेकिन अब वह वहाँ नहीं है
हवा बह चुकी है, केवल पत्ते नीचे गिरे हैं :
सज़ा जिसे ज़िन्दगी कहते हैं
बिना किसी जाँच-पड़ताल या सज़ा के

मौत एक सज़ा है जिसे
परिस्थितियों के साथ न्यायोचित ठहराने की ज़रूरत नहीं है

क्या आप जानते हैं

क्या आप जानते हैं फूलों की स्मृतियों को रेगिस्तान त्रस्त करते हैं?
जो हम अपना सिर सिर्फ़ थोड़ा-सा मोड़ लें
तो धान के खेत तोते बन जाएँगे
और नदियाँ किंगफ़िशर?

क्या आप जानते हैं
स्वर्ग को सोचते और उसका स्वप्न देखते हुए घास लम्बी होती है ?
वे झरने जो दबी हुई आवाज़ों में गाते हैं
वे बुद्ध से भी पहले जग चुके थे?
क्या आप जानते हैं कि शहर की सड़कें कब कीचड़ से भर गईं,
पोखरों से सराबोर, तुम्हारी आत्मा बारिश में भीगी गाँव की गलियों में
घूम रही है?

क्या आप जानते हैं मरे हुए कवि मन्द पवन की तरह लौट आएँगे,

बच्चों के द्वारा अनदेखे,
उनकी किताबों के पन्ने पलटते ?
और प्रेम की मूर्ति पाँच धातुओं से बनी है,
स्नेह, मैत्री, क्रोध, जुनून
और कामना, सब आग में पिघल गए?

क्या आप जानते हैं कि एक बार जब आप मानव के तेज़ दिमाग़ को डराते
और कुतरते हैं तो यह एक सुनहली बिल्ली में तब्दील हो जाता है?
नींद के भीतर बर्फ़ है
बर्फ़ के भीतर चाँदनी की एक परत
क्या आप जानते हैं यह वही कल्पना है जिससे रेगिस्तान की कल्पना की
गई, जिससे सागर बनाया गया?
और एक के ऊपर दूसरे की छाया पड़ती है?
क्या आप जानते हैं कि भगवान नहीं जानता
भगवान मौजूद है और अगर वह जानता तो वह भगवान नहीं होता?
और वह भगवान अपनी आख़िरी किताब लिख रहा है,
एक पत्ता, एक दिन?

साबरमती का मोची

जब गांधी जी बेरंग और कच्ची आज़ादी की कताई कर रहे थे
अपने चरखे पर,
लकड़ी की खड़ाऊँ जिसे उन्होंने एक तरफ़ रख दिया था
उसने करुणा से उनकी ओर देखा

'बापू, हम तेज़ी से घिसे-पिटे जा रहे हैं
गाँव की ऊबड़-खाबड़ गलियों में चलते हुए
रेत और कंकड़ से भरी हुई पटरियों पर तेज़ी से चलते हुए
अपना चलना कम करें
या हमें आराम दें'

'चलना कम कर दूँ?
किसी को मुझे गोली मारनी होगी
मेरा दिल मेरे पैरों पर धड़कता है,

जैसे मेरा दिमाग़ मेरे दिल में'

तब गांधी को एक मरे हुए बैल की
शोधित चमड़ी मिली और
अपने पैरों के आकार के दो टुकड़ों में उन्होंने उसे काट दिया
मृत बैल ने पूछा :
क्या मृत दया के पात्र नहीं होते?
क्या अहिंसा केवल जीवितों के लिए है?

गांधी बैठ गए, थोड़ी देर के लिए आँखें बन्द कर लीं
और उत्तर दिया :
'अहिंसा की भी सीमा होती है : मृत्यु।
मैं जानता हूँ
यह प्रश्न तुम्हारी आत्मा ही पूछ रही है'

'हो सकता है', बैल धीमे से चिंघाड़ा,
'क्या मेरी त्वचा आपके पैरों को
पत्थरों और काँटों से बचा सकती है।'

गांधी ने धीमे से मोची की सुई से काम करना शुरू किया

रास्ते, रास्ते मुझे डराते हैं
तब आकार ले रही चप्पल ने कहा
मानो कोई बुरा सपना आया हो

रास्ते कई प्रकार के होते हैं। मैं तुम्हें साथ में ले चलूँगा
प्यार के उस
दर्दरहित रास्ते पर

गलियों में कंकड़,

धूप से सराबोर
निस्तारण की प्रतीक्षा में

घास की पत्तियाँ, ख़ून और बर्फ़ में सनी
उनकी यादें भविष्य में झाँकती हुईं

उनके ऊपर उन्होंने देखीं
दो चमड़े की चप्पलें
न्याय के पंखों के साथ
स्वतंत्रता की ओर उड़ीं

अ समझौता

उसने कपड़े उतारकर ख़ुद को नंगा किया
और चारकोल से पूरे शरीर को दकच लिया
समझौता नहीं
उसके बाद सिर से पाँव तक पेट्रोल उड़ेल दिया
और ख़ुद को आग लगा ली

❂